山陰文化ライブラリー　11

松江城をつくった堀尾一族のあしあと

石井　悠

ハーベスト出版

昌徳院（吉晴夫人）木像
京都市・春光院蔵

吉晴木像
京都市・春光院蔵

忠氏木像
京都市・春光院蔵

長松院（忠氏夫人）木像
京都市・春光院蔵

雲松院（忠晴夫人）木像
松江市・圓成寺蔵

忠晴木像
松江市・圓成寺蔵

国宝松江城天守（南西から）

国宝　松江城天守の祈祷札（附《つけたり》指定　松江歴史館蔵）

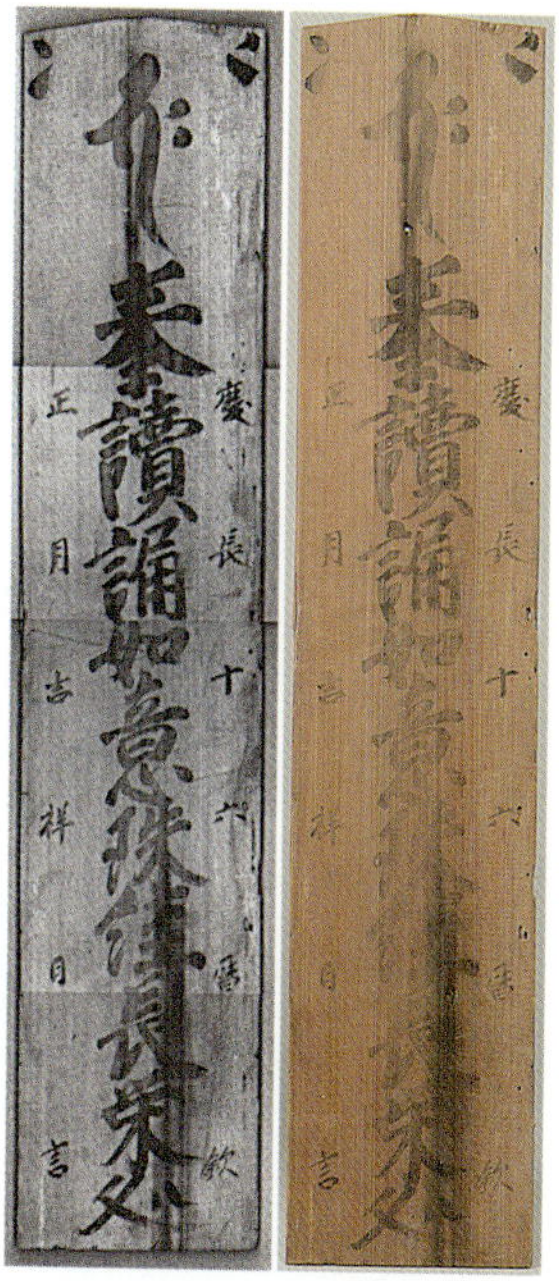

奉讀誦如意珠経長栄処

奉轉讀大般若経六百部　武運長久処

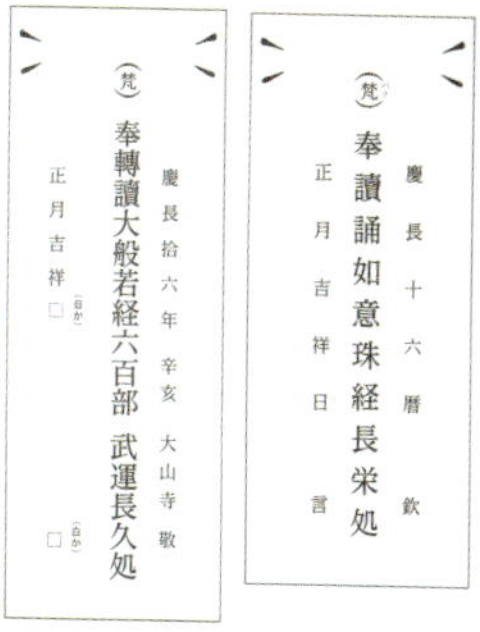
(梵)
奉讀誦如意珠経長栄処
慶長十六暦　欽
正月吉祥日　言
(梵)
奉轉讀大般若経六百部　武運長久処
慶長拾六年　辛亥　大山寺　敬
正月吉祥(日か)□　(日か)□

翻刻文と赤外線写真は
文献73より転載

祈祷札の位置○印（天守地階）

右が 奉讀誦如意珠経長栄処
左が 奉轉讀大般若経六百部　武運長久処
手前中央の筒状のものは井戸

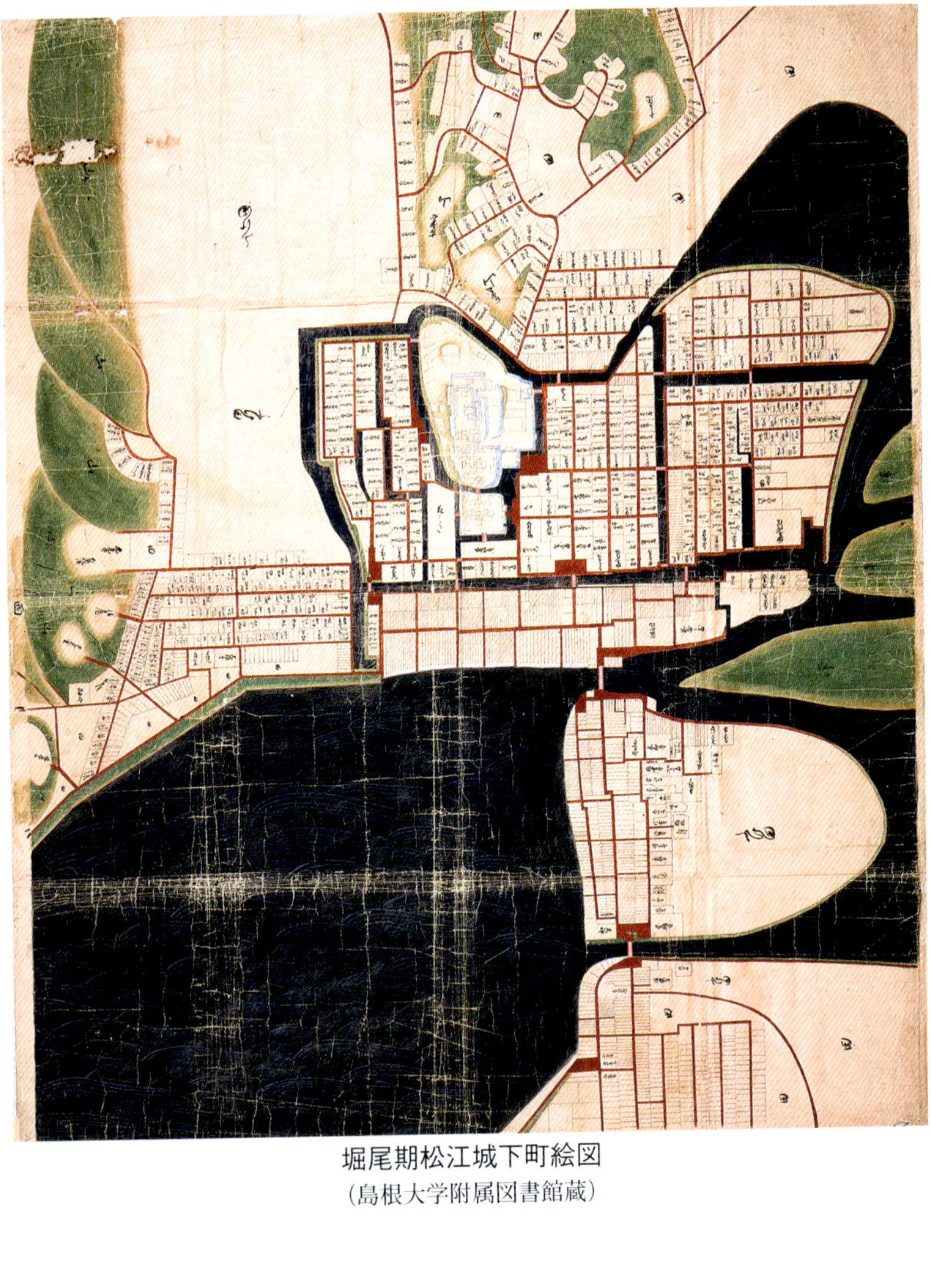

堀尾期松江城下町絵図
（島根大学附属図書館蔵）

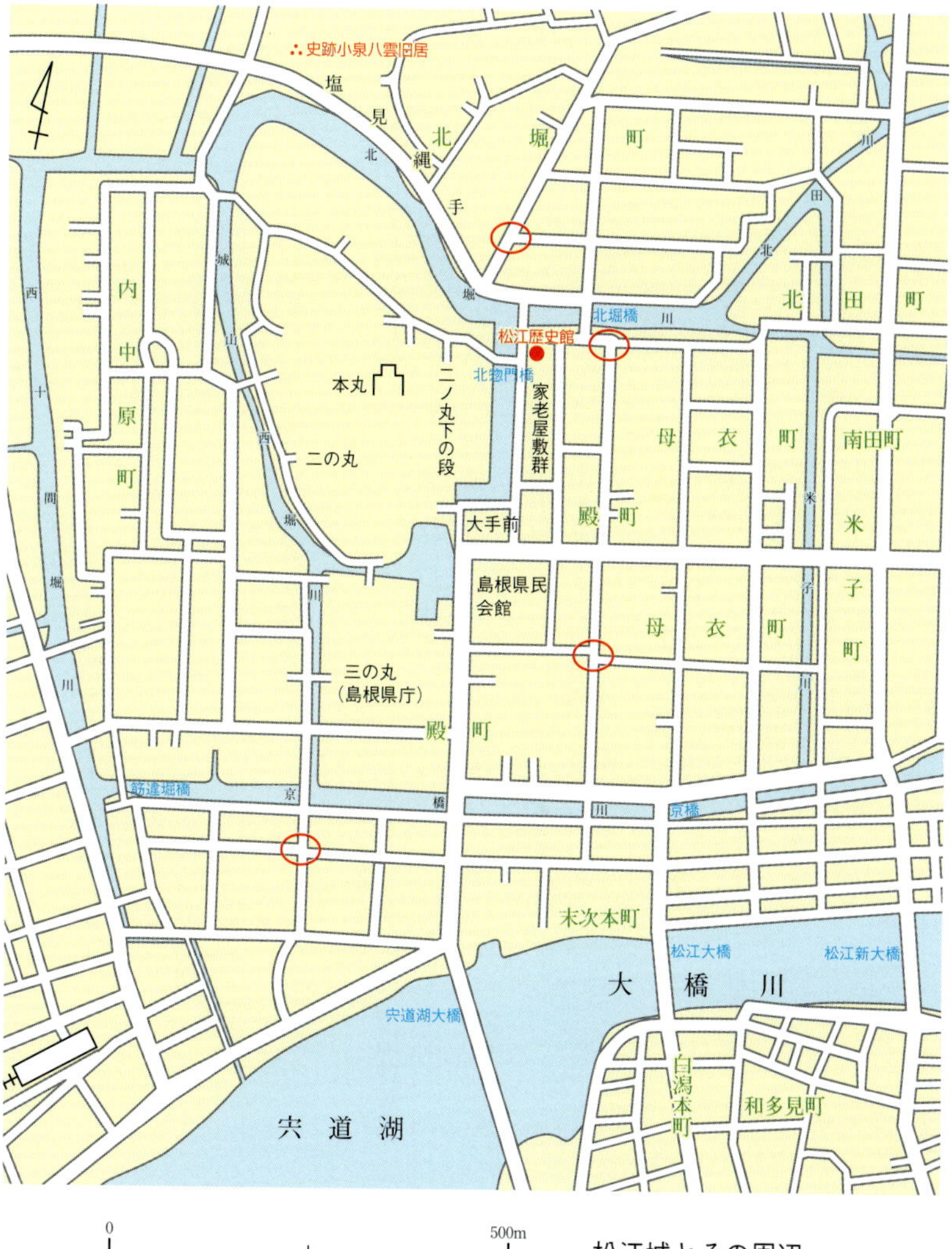

松江城とその周辺

今でも残る鉤型路・丁字路

堀尾氏系図

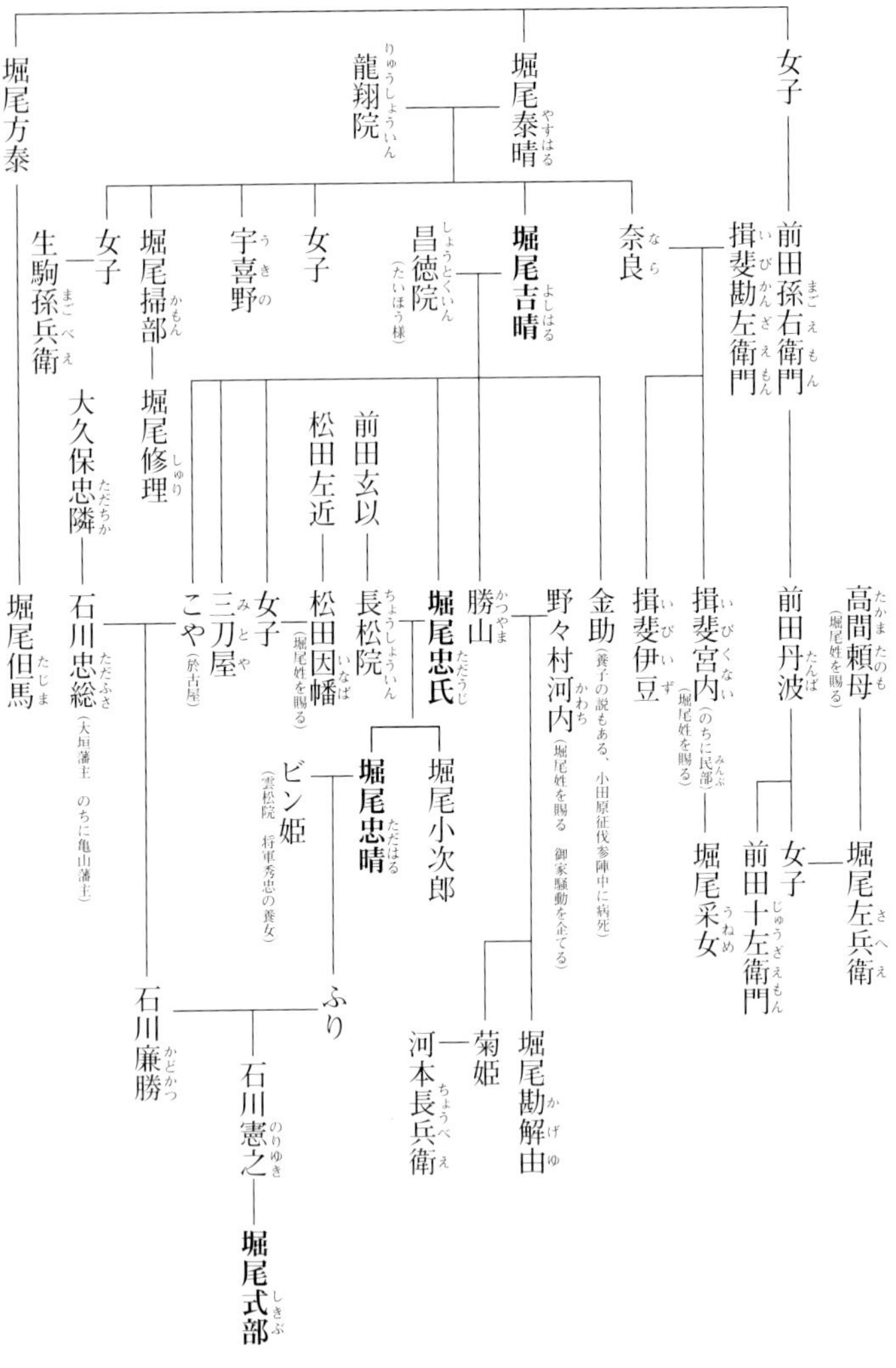
女子
前田孫右衛門《まごえもん》
揖斐勘左衛門《いびかんざえもん》
前田丹波《たんば》
高間頼母《たかまたのも》
（堀尾姓を賜る）
女子
前田十左衛門《じゅうざえもん》
堀尾左兵衛《さへえ》
揖斐宮内《いびくない》
（のちに民部《みんぶ》）
（堀尾姓を賜る）
堀尾采女《うねめ》
揖斐伊豆《いびいず》
堀尾泰晴《やすはる》
龍翔院《りゅうしょういん》
奈良《なら》
堀尾吉晴《よしはる》
昌徳院《しょうとくいん》
（たいほう様）
女子
宇喜野《うきの》
堀尾掃部《かもん》
女子
生駒孫兵衛《まごべえ》
堀尾方泰
堀尾修理《しゅり》
大久保忠隣《ただちか》
前田玄以
松田左近
金助
（養子の説もある、小田原征伐参陣中に病死）
野々村河内《かわち》
（堀尾姓を賜る　御家騒動を企てる）
勝山《かつやま》
堀尾忠氏《ただうじ》
長松院《ちょうしょういん》
松田因幡《いなば》
（堀尾姓を賜る）
女子
三刀屋《みとや》
こや
（於古屋）
石川忠総《ただふさ》
（大垣藩主　のちに亀山藩主）
堀尾但馬《たじま》
堀尾小次郎
堀尾忠晴《ただはる》
ビン姫
（雲松院　将軍秀忠の養女）
ふり
石川廉勝《かどかつ》
石川憲之《のりゆき》
堀尾式部《しきぶ》
堀尾勘解由《かげゆ》
菊姫
河本長兵衛《ちょうべえ》

目　次

出雲と堀尾氏

Ⅰ　堀尾氏の出雲入国

出雲と堀尾氏

出雲の地勢

出雲《いずも》は、中国地方の日本海側にあって島根県の東部に位置する。古代の行政区分を踏《とう》襲《しゅう》して、現在に至る。東西に延びる島根半島南側の東部に入海《いりうみ》（中海《なかうみ》＊1）、西部に入海（宍道湖《しんじこ》＊2）と神西湖《じんざいこ》＊3がある。全体に山がちで、中海と宍道湖の周辺に平地が存在する。長い年月かかって形成された現在の地形は、松江の町ができた頃と、若干様相が異なる。現代の大規模な土地造成による地形の変化は少ないが、江戸時代以降の造成や、出雲

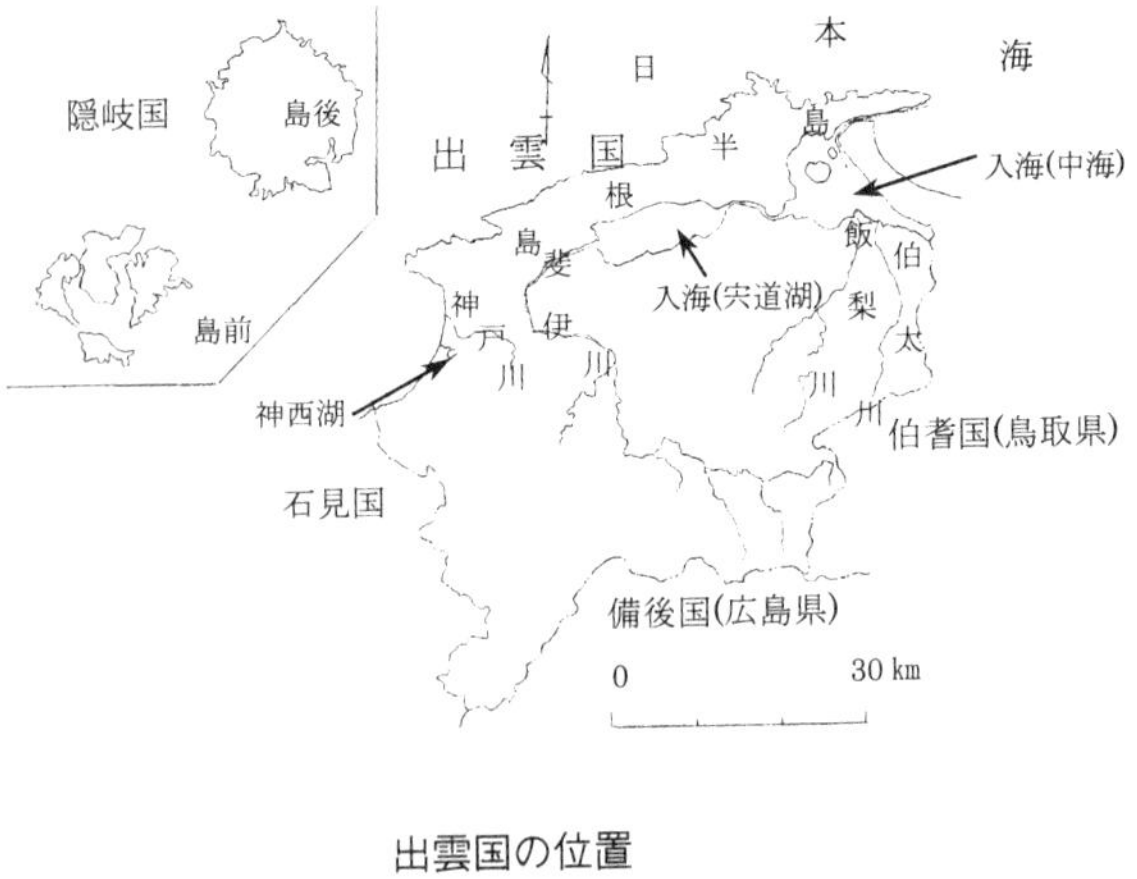

出雲国の位置

奥部から流れ出た河川*4によって形成された平地が多い。宍道地溝帯*5東部にあたる伯太川《はくたがわ》や飯梨川《いいなしがわ》沿いの安来平野、中海と宍道湖の中間にあたる松江平野、宍道湖の西側で斐伊川《ひいかわ》と神戸川《かんどがわ》沿いの出雲平野（簸川平野《ひかわへいや》）が主な平地である。

出雲の北方約六〇㎞の日本海には隠岐国《おきのくに》（島根県）が浮かび、東側に伯耆国《ほうきのくに》（鳥取県）、西側に石見国《いわみのくに》（島根県）、南に備後国《びんごのくに》（広島県）と隣接する。

気候的には、比較的温暖な地域で過ごしやすい。しかし、冬季は、山間部を中心に積雪により、交通路が遮断《しゃだん》されることもあった。

出雲の中世

出雲・隠岐両国の守護《しゅご》は、建武三年（一三三六）～暦応四年（一三四一）が塩冶高貞《えんやたかさだ》で、その後明徳二年（一三九一）まで京極《きょうごく》氏と山名《やまな》氏が出雲の守護であった。この間、隠岐の守護は山名氏と佐々木氏であった。京極氏による出雲・隠岐両国の支配が安定するのは明徳の乱*6以後のことで、室町～戦国初期にかけてであった。しかし、京極氏は幕府の要職にあり、近江守も兼ね、在京が原則であったので、実際の領国支配は守護《しゅご》代《だい》に任されていた。

尼子氏の台頭　一五世紀前半に、尼子持久《あまこもちひさ》が守護代として出雲に入った。持久は、月山《がっさん》富田《とだ》城（安来市広瀬町）を拠点として領国支配に乗り出した。富田城は、富田（飯梨）川下流部の右岸の丘陵上に築かれた、典型的な中世の山城である。複雑な曲輪《くるわ》群で構成され、平時は、塩谷《しおたに》・新宮谷《しんぐうだに》といった平地に居館を設けて生活していた。

守護による領国支配は必ずしも整備されたものではなく、強力で安定した支配の確立が、持久の課題であった。一六世紀初頭になって、持久の嫡子清貞《きよさだ》と、その跡を継いだ経久《つねひさ》の時代に尼子氏は戦国大名としての体制を整えた。

尼子氏の滅亡　天文六年（一五三七）に、祖父経久から家督を継いだ晴久《はるひさ》は、仁多《にた》郡横田《よこた》荘（仁多郡奥出雲町）の三沢《みざわ》氏を

富田城遠景（西から）右の谷が塩谷、左の谷が新宮谷

支配下に置き、尼子氏による出雲領国支配を完成させた。陰陽十一国（出雲・隠岐・石見・伯耆・因幡・安芸・備後・備中・備前・美作・播磨）を制圧したといわれるが、『陰徳太平記《いんとくたいへいき》』[7]などの軍記物の誇張とみられている。

晴久は、天文九年から翌年にかけて、尼子軍の総力をあげて安芸《あき》国吉田《よしだ》の郡山《こおりやま》城（広島県安芸高田市）に遠征して攻めたが失敗に終った。安芸遠征失敗後、同一〇年経久は死去した。同一一年には、逆に大内《おおうち》氏が攻めてきて、富田川[8]と流域の小平野越しに富田城下を

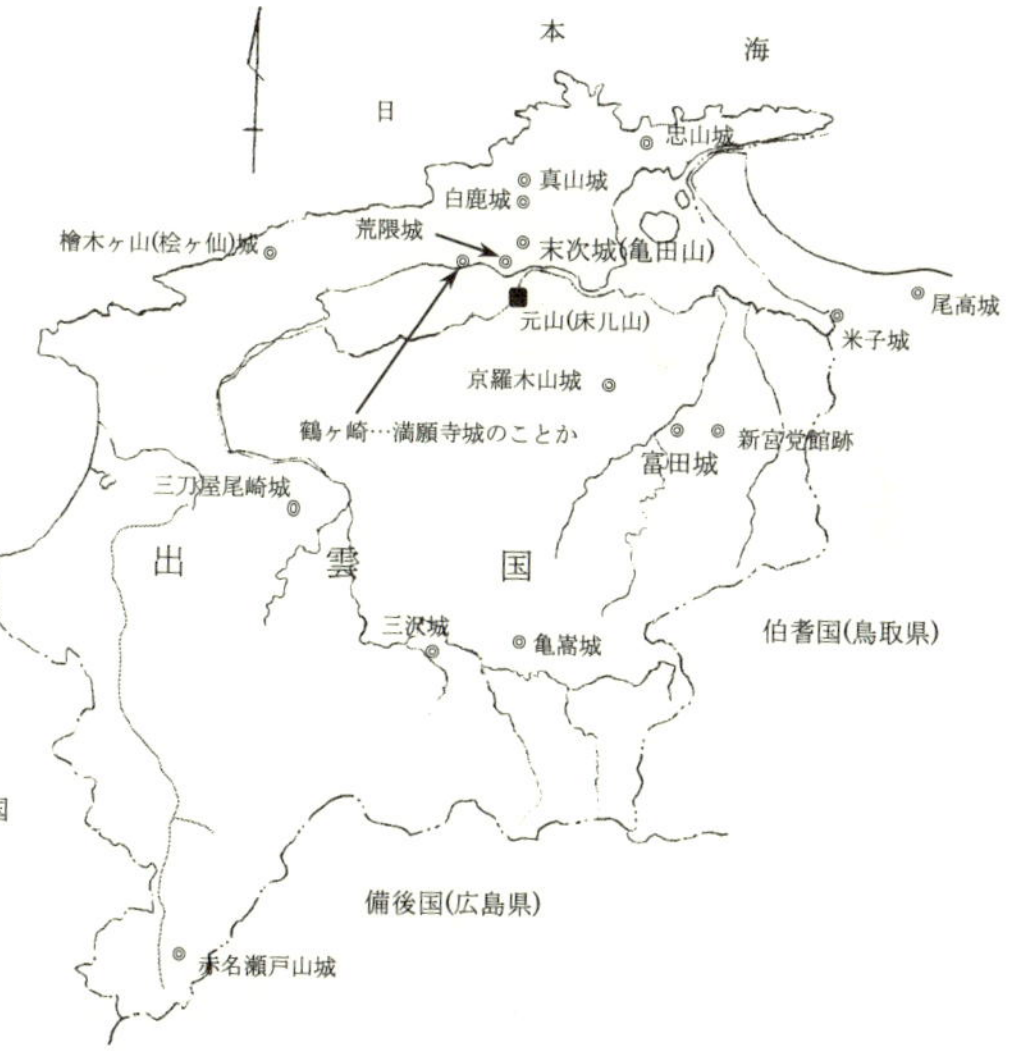

本書に記載の出雲と伯耆の城跡

上から望む位置の京羅木山《きょうらぎさん》（標高四七三m）に本陣を構え、富田城を攻めた。これはかろうじて撃退したが、経久の死もあって、尼子氏の家臣団にひびが入り、大内氏の出雲侵攻の際、大内方についた国人《こくじん》層が多数にのぼった。大内氏の撤退後、彼らの多くは尼子方に復帰したが、宍道氏や多賀氏のように大内氏に従って退去する者もあった。

　尼子の吉田攻めを撃退した毛利《もうり》氏は、これ以後勢力を拡大し、周防《すおう》・長門《ながと》両国（山口県）を押さえ、石見に侵攻した。弘治三年（一五五七）には、石見銀山などの東部をのぞいて、石見国はほぼ毛利氏の支配下となった。

　毛利元就《もとなり》は、永禄五年（一五六二）石見を制圧し、続いて出雲に入り、宍道湖北岸（松江市国屋《くや》町）に荒隈《あらわい》（洗骸・洗合）城を築き、富田城攻めを開始した。同三年、晴久の死に伴い家督を相続した義久《よしひさ》は、毛利氏と対決したが、国人層の多くが毛利方につくなどあって、ついに同九年富田城を開いて毛利氏の軍門にくだった。

　毛利氏は、天野隆重《あまのたかしげ》を富田城に入れて、出雲統治にあたったが、同一二年山中鹿介《やまなかしかのすけ》幸盛《ゆきもり》らに擁立された尼子勝久《かつひさ》軍が隠岐から侵入して、尼子復興戦を展開した。彼らは、尼子再興の機会を隠岐で窺っていたのであった。元亀二年（一五七一）、ようやく毛利氏はこれを撃退し、毛利元秋《もとあき》・元康《もとやす》・吉川元春《きっかわもとはる》が富田城に入って、出雲・石見・隠岐

（現在の島根県全域）を統治することとなった。

尼子・毛利の遺跡　先述のように、富田城は典型的な山城で、複雑な曲輪群が今に残されている。いくらかは、発掘調査が行われてきた。しかし、調査は部分的なものが多く、検出された遺構の大部分は毛利（吉川）時代のものと江戸時代に入ってからの堀尾氏のものと思われる。尼子氏時代またはそれ以前の遺構を特定して述べることは困難である。山頂（本丸）から三の丸にかけて石垣が設けられているが、これは毛利（吉川）時代のものである。本丸からかなり下った部分の山中御殿平《さんちゅうごてんなり》の石垣は堀尾氏時代のものと推定される。

新宮党居館跡　富田城の南北にある細長い谷水田地帯には、かつて尼子の家臣団が居住していたと思われる。発掘調査で、一六世紀代の遺物が出土した。

新宮党《しんぐうとう》居館跡は、富田城の北側に位置する新宮谷の北側に存在する。出土遺物をみると、中国製の白磁・青磁・青花碗・皿類・備前焼の壷・甕・擂鉢・かわらけなどがあり、唐津焼も数点が混じっている。この他「玉将」と読める将棋の駒や銭・鉄製品がある。新宮党とは、経久の二男、国久《くにひさ》を中心とする一族集団である。勇猛であることが知られ、経久・晴久の外征時には、常に軍事の中核をなしていた。しかし、傲慢《ごうまん》な振る舞いがあったらしく、かねて尼子宗家の晴久や諸将の反感をかっていた。元就はこれを知って、「新宮党に逆意あり」とのデマを流した。元就の謀略《ぼうりゃく》にかかった晴久は、一書によると、天文二三年一一月一日新宮党の面々に夜討ちをかけ国久と誠久《まさひさ》を殺してしまった。変を聞いた国久の三男敬久《たかひさ》は二百余人で館に立て籠もったが、富田勢五千に囲まれ、翌一一月二日弟の与四郎と共に切腹して果てた。誠久の二人の幼い子も切腹したが、二歳の末子孫四郎は小川重遠《おがわしげとお》に抱かれて逃げたという。京都に出て僧侶となったが、後に還俗《げんぞく》したという。孫四郎は後の勝久で尼子復興戦を展開した人物と伝えられている。

新宮党居館跡遠景　鳥居の背後にある高台上

新宮党居館跡の伝誠久親子墓所

荒隈城跡　毛利元就が、尼子攻めにあたって、富田城と白鹿《しらが》城（松江市法吉町）を攻略するために、荒隈城を築いた。宍道湖北岸の低丘陵上に位置する。かなり広範囲にわたって築かれた城であるが、住宅などで大部分が改変され遺構の一部が残存しているのみという。眼前の湖水を行きかう舟を監視できる臨戦態勢の城である。過去に主郭部分の発掘調査が行われた。全面調査ではないので、城郭全体を把握しにくいが、曲輪跡・堀切・土塁跡が検出されている。出土遺物には、かわらけ・輸入陶磁器類・砥石・硯・古銭・鉄製品等がある。かわらけの相対する縁を内側に折り曲げた形の「耳《みみ》皿《ざら》」と呼ばれる箸置がある。戦勝祈願の神事か宴に用いられたのであろう。『懐橘談《かいきつだん》』*9によると、戦が長引いたためか荒隈城では、京都より雖知苦斎《すいちくさい》道三を呼び兵法医術を物語らせたり、花《はな》の本《もと》*10の連歌師を招いて千句の興行、今春太夫《こんぱるだゆう》を召して能などを行ったとある。

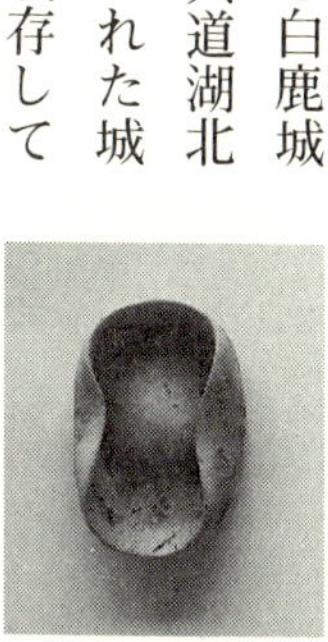

耳皿

堀尾氏の来歴と一族

堀尾吉晴《ほりおよしはる》は、尾張国御供所《ごご(く)しょ》村（愛知県丹羽郡大口町）で泰晴《やすはる》の子として生まれた。幼名を仁王丸《におうまる》、後に小太郎《こたろう》、茂助《もすけ》と称した。泰晴は、岩倉城（愛知県岩倉市）の岩倉織《お》田《だ》氏に仕えていた。当主織田信安《のぶやす》は、織田信長《のぶなが》と敵対していた。永禄二年（一五五九）、信長によって信安が滅ぼされると、堀尾親子は主家を失い牢人したものと考えられている。吉晴は、その五年後頃に豊臣秀吉《とよとみひでよし》に仕えていたことが、「太閤記《たいこうき》」・「武功夜話《ぶこうやわ》」から分かる。秀吉が木下《きのした》姓を名乗っていた頃で、秀吉の家臣としては、最も早い時期から仕えていた人物である。

吉晴の出世　吉晴が出陣した戦さの中で、特に注目されるのは、山崎の戦い（大阪府三島郡島本町山崎、京都府乙訓郡大山崎）、である。この戦いで、秀吉の命令を受けて天王山《てんのうざん》の確保に向かって、前後して駆けつけた堀秀政《ほりひでまさ》や中村一氏《なかむらかずうじ》らと、天王山奪取にきた明智光秀《あけちみつひで》を撃退し、秀吉勝利のきっかけをつくった。今も、重要な局面に「天下分け目の天王山」とい

秀吉から、天王山確保の命令を受けている吉晴（絵本太閤記）

う。戦いの後天正一〇年（一五八二）九月に、秀吉から丹波《たんば》国氷上《ひかみ》郡（兵庫県丹波市）で領地六二八四石*11を与えられた。秀吉は、翌天正一一年四月に柴田勝家を賤ヶ岳《しずがたけ》（滋賀県伊香郡）の戦いで破り、続いて北ノ庄《きたのしょう》城（福井県福井市）を攻撃して、勝家を自害させた。勝家を倒した秀吉は、丹羽長秀《にわながひで》の領地を若狭《わかさ》国（福井県）から越前《えちぜん》国（福井県）に移し、若狭国を配下の者に分配した。吉晴にも、この時高浜《たかはま》城（福井県高浜町）が与えられ、大名となった。その後、若狭国佐柿《さがき》（国吉《くによし》）城（福井県三方郡御浜町）へ、続いて近江《おうみ》国佐和山《さわやま》城（滋賀県彦根市）と頻繁に領地替えされた。『堀尾家記録』*12には、「日数六十日ニテ所務《しょむ》無シ」とある。領地として与えられたが、「所務」が無かったことが分かる。

佐和山城・彦根《ひこね》城（滋賀県彦根市）を含むあたりは、東海道と北陸道の合流地点で、京・大阪への交通を押さえる重要な地点であった。秀吉から、信頼されていたことが分かる。また、領地を加増され、遠江

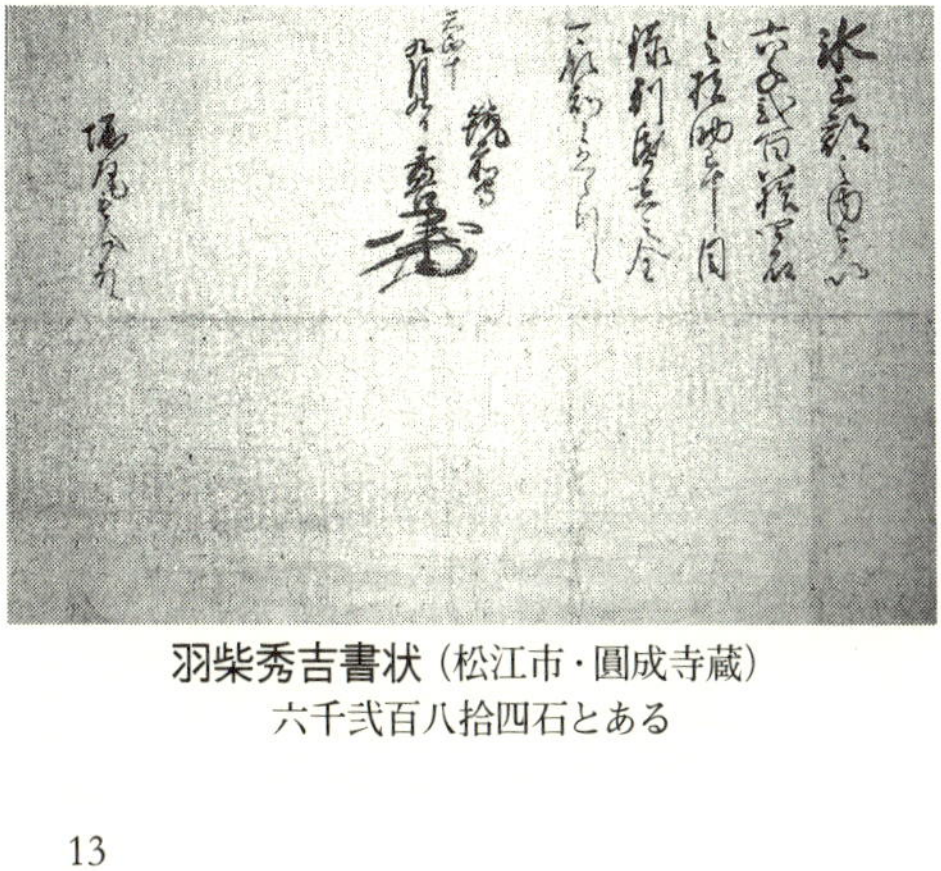

羽柴秀吉書状（松江市・圓成寺蔵）
六千弐百八拾四石とある

国浜松（静岡県浜松市）が与えられた。

慶長三年（一五九八）、秀吉は死去した。その後、五大老[13]・三中老[14]・五奉行[15]を中心とする豊臣政権が組織され、吉晴は、中老としての役職を得ることになる。五大老の徳川家康《とくがわいえやす》は秀吉が死去する前は禁止されていた政略結婚[16]を行い、積極的に政権の主導権を獲得しようとした。このことによって、家康と他の四大老や五奉行間の対立が生じ、吉晴は、両者の間に立ち調停に努めた。その甲斐あって、慶長四年二月五日の起請文《きしょうもん》の交換が行われ、両者の和解が一応成立した。家康の家臣井伊直政から吉晴に対して仲介の労への感謝の意を表した御誓紙[17]が残っている。前田利家が死去して、加賀《かが》（石川県）に戻った利家の子利長《としなが》が家康に対して敵

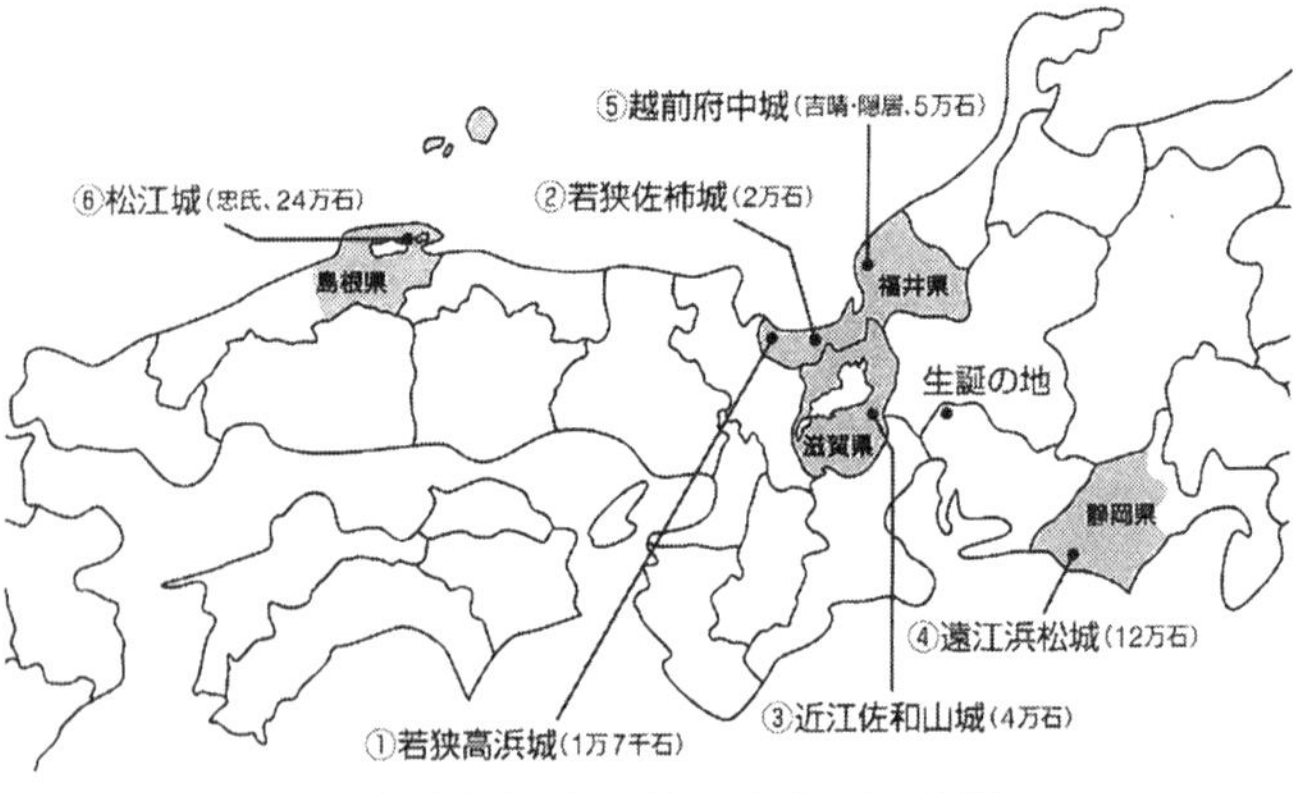

堀尾吉晴知行地の変遷（文献82より転載）

対の意志をもっていると疑われる事件が発生した。利長の母を江戸に人質として出すことによって決着したが、一時は緊迫した状況にあったという。事件の緊張感が増した一〇月一日に、吉晴は、越前国府中《ふちゅう》城（福井県武生市）の留守居役となった。家康からも信用されていたことが分かる。家康より知行を与えられた最初の者*18という。

慶長五年六月一六日、家康は意に従わない会津《あいづ》の上杉景勝《うえすぎかげかつ》攻撃のため大坂城を出発した。途中、吉晴の子忠氏《ただうじ》のいた浜松城によって小休止した。府中にいた吉晴は浜松に駆けつけ、家康を歓待して会津征討軍に加わりたいと願い出た。しかし、家康は、「汝《なんじ》は越前に帰り、佐和山の光成、北国および上方の状態を聞き合わせて反徳川勢の動向をその都度報告するよう」命じ、会津には信濃守（忠氏）を召し連れると言った。吉晴は家康の指示に従って浜松から府中に向かったが、途中で水野忠重《みずのただしげ》殺害事件に巻き込まれた。三河《みかわ》国池鯉鮒《ちりゅう》（愛知県知立市）に着いた時、友人水野忠重がやって来て吉晴を招いた。忠重が用意したもて

左頬に傷がある吉晴木像（部分）
（京都市・春光院蔵）

なしの場に向かう途中、加々井秀望《かがいひでもち》に出会ったので、秀望を誘い同行した。飲み食いしている間に、吉晴は、酩酊し眠った。すると、秀望は忠重を殺し、吉晴にも斬りかかった。吉晴は驚いて目をさまし秀望を斬り倒した。殺害現場にいたため、忠重の家臣に主殺しの疑いをかけられた。十七か所の傷を負いながら、変を聞いて駆けつけた家臣に助けられ、ほうほうの体《てい》で浜松まで帰還*19したと伝えられる。京都市春光院《しゅんこういん》（堀尾氏の菩提寺）の吉晴像の左頬に、深い傷跡が彫り込まれている。この時の傷であろうか。

忠氏の活躍　忠氏は、家康に従い会津征討に出陣していた。石田三成《いしだみつなり》方の岐阜《ぎふ》城攻めにあたって、忠氏の率

忠氏木像（部分）
（京都市・春光院蔵）

関ヶ原両軍陣之図（部分）
堀尾信濃守（忠氏）の名が見える
（島根大学附属図書館蔵）

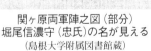

いる堀尾勢が活躍し、家康からその働きを褒める感状《かんじょう》*20が与えられた。関ヶ原の戦いにも参戦し、直接の戦闘に加わることはなかったが、南宮山で動かない毛利《もうり》・長曾我部《ちょうそかべ》を牽制《けんせい》する役目を果たした。関ヶ原の戦い後、家康は堀尾氏を出雲・隠岐二四万石に封じた。家康の書状がなく口頭で伝えられたと考えられ、長い間堀尾家の誰が最初の藩主であったか分からなかった。しかし、上野国《こうずけ》館林《たてばやし》（群馬県館林市）藩主榊原康政《さかきばらやすまさ》の家臣久代景備《くしろかげはる》が送った下野国《しもつけ》黒羽藩《くろばね》（栃木県大田原市）藩主大関《おおぜき》資増《すけます》あての書状から、忠氏が最初の藩主であると判明した。慶長五年一〇月晦日《みそか》付で、その中に家康の論功行賞が書かれ「堀信濃殿へハ出雲隠岐両国被進候事」とある。忠氏に出雲・

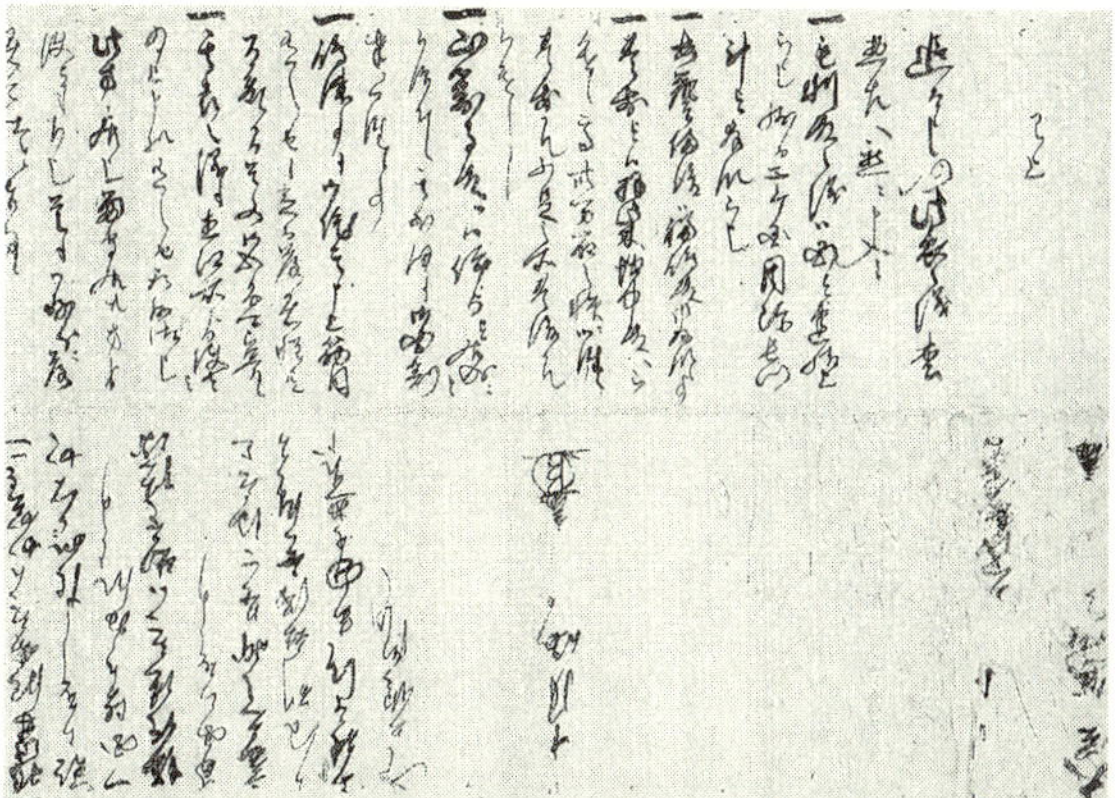

久代景備書状（大田原市・黒羽芭蕉の館蔵）

隠岐が与えられたことが分かる。松江の初代藩主は堀尾忠氏であった。

詳しくは後述するが、一家言《いっかげん》ある人物だったらしく、新城地選定時における吉晴との父子間の会話が興味深い。その忠氏は、慶長九年に意宇郡の大庭大宮《おおばおおみや》（松江市大庭町・神魂《かもす》神社）に参拝した折、小成池《こなりいけ》という禁足地《きんそくち》に踏み込んで、戻った時顔が紫に見えたとのことである。富田城に帰ってから間もなく死去した。没年齢は二四・二七・三〇歳の諸説あるという。富田城下新宮の忠光寺《ちゅうこうじ》に埋葬《まいそう》されたと伝わる。忠氏の死について、報恩寺《ほうおんじ》（松江市玉湯町）に別の寺伝*21が伝わる。

幼くして藩主になった忠晴　忠氏の妻長松院《ちょうしょういん》は、豊臣《とよとみ》家の五奉行の一人である前田玄《まえだげん》

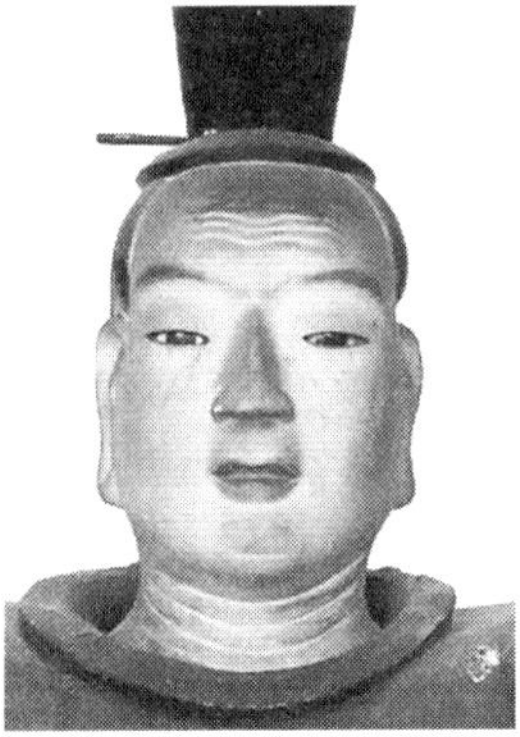

忠晴木像（部分）
（松江市・圓成寺蔵）

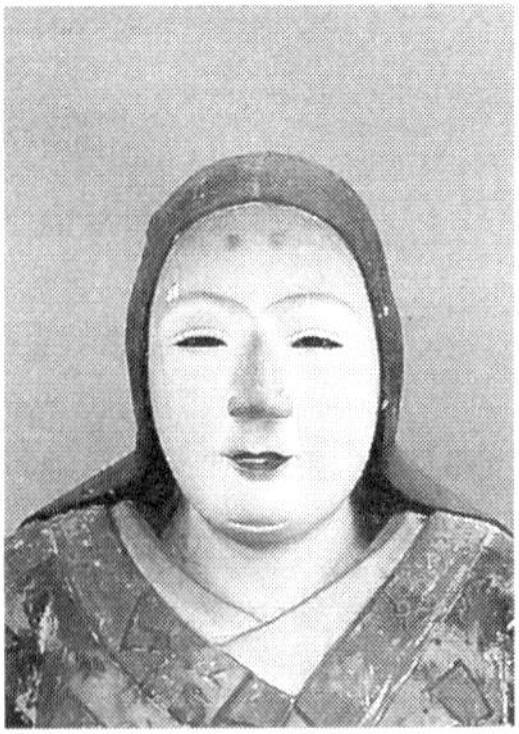

長松院木像（部分）
（京都市・春光院蔵）

以《い》の娘で、高い教養を身に着けていた。忠氏の死後、長松院と名乗り夫の菩提《ぼだい》を弔い、残された子三之介《さんのすけ》の成長を見守った。三之介は母親の薫陶《くんとう》を受けて成長した。三之介は六歳で藩主となったが、実務は祖父の吉晴が担当した。

慶長一二年四月中旬、長松院とともに玉造の湯*22に入りに行った。三之介が二〇日夜から体調を崩したので、長松院の命で、二二日に向坂作左衛門《さきさかさくざえもん》と黒田藤右衛門《くろだとうえもん》から、内《うち》神社（松江市大垣町）の大宮司秀勝《ひでかつ》へ祈祷《きとう》と病気の原因を占うよう飛脚便《ひきゃくびん》が送られた。早速秀勝は早舟で玉造へ行き、祈祷して占考状《せんこうじょう》を差し上げたところ、指図のとおり回復したという。

同一五年、二代将軍秀忠《ひでただ》の幼女で、家康《いえやす》の外曾孫に当たる下野宇都宮《しもつけうつのみや》城主奥平家昌《おくだいらいえまさ》の娘ビン姫を娶《めと》った。三之介一二歳の時であった。翌一六年に松江城天守が完成している。また、江戸にて三之介は元服した。叙爵《じょしゃく》して山城守忠晴《やましろのかみただはる》と称した。親子二代続いて「秀忠」の忠の字を賜っている。同年六月一七日、吉晴は六九歳で鬼籍に入った。亡骸《なきがら》は、遺言により、富田城山麓の巖倉《いわくら》寺に葬られたと伝えられている。

吉晴の死後間もない六月二八日、堀尾宮内少輔《くないしょうゆう》をはじめとする八名の重臣によって起請文が書かれている。これは、一三歳の藩主忠晴を守《も》り立てることを神仏に誓ったものである。五か条の内容があり、最後に「忠晴様の出された決まりには背くことのないように。但し、悪い決まりであったならば意見を言うこと。」とある。重臣たちの並々ならぬ決意が窺える。

吉晴の死を知った幕府の本多正信《ほんだまさのぶ》と大久保忠隣《おおくぼただちか》から堀尾家重臣たち宛ての書状に「堀尾吉晴殿がお亡くなりになったのは、残念なことです。将軍秀忠様も御気持ちを書状に認《したた》めました。忠晴殿は、まだ若年であり、家臣は日頃、どのようなことがあっても大目に見て、忠晴殿を守り立てる覚悟が大切です。このことは我々からも重ねて申し伝えます」とある。惜しまれた死だったのである。

翌一七年六月四日付で、秀忠から出雲・隠岐両国の支配を正式に認められ、いよいよ忠晴の時代となった。

同一九年の冬、忠晴は一六歳であったが家臣を率いて大坂冬の陣に参戦し上杉景勝《うえすぎかげかつ》と協力して強敵をくじいた。翌年の大坂夏の陣にも参戦した。元和五年（一六一九）には、広島藩主福島正則《ふくしままさのり》改易の際、居城《きょじょう》受け取りに検使役を務め、翌年は、西国・北国の大名とともに、大坂城修理に当たるなどした。

『玉造温湯之由来《おんとう》』に、「天正年間の大地震と洪水で、玉造温泉の薬師堂が崩れ、湯船も流されてしまった。薬師如来だけは長谷川某が持ち帰り守った。湯の名前だけが残り、仮の屋根すらなかったところへ、ある時、忠晴が河狩りの帰りに見て、訳をたずねたところ、長谷川某が状況を説明し、何とか元のようにしてほしいと訴えた。これを聞いて、忠晴は家来に修復を命じた。寛永三年（一六二六）に薬師堂と新殿を建て、一の湯を御茶屋《おちゃや》内に造り、御前湯、二の湯は武士や町人、三の湯は供の人などが用いた。四の湯は在所の人や旅人が川辺に流れ出た湯を用いた。」とある。「湯之助《ゆのすけ》」という管理人を置いた。その後、御茶屋は修復や泉源の枯渇《こかつ》による移転建て替えが行われ、幕末まで存続した。

発掘された幕末頃の御茶屋跡
来待石（凝灰質砂岩）製浴槽

一七世紀末頃に、伊勢国亀山藩（三重県亀山市）の大庄屋打田権四郎《うたごんしろう》が編纂した領内の記録『九々五集《くくごしゅう》』に次のような内容の話がある。亀山市歴史博物館の見解を基《もと》に紹介しよう。

「三宅康信《みやけやすのぶ》が亀山藩主の時、幕府から「丹波亀山城を修理せよ」と忠晴に命令が下った際、勘違いし（伊勢）亀山城の修理を始めてしまった。この時、石垣の修理の邪魔になる天守閣を一時的のつもりで撤去したところで、亀山城違いであることが判明した」

堀尾氏と亀山城天守に関しての記事はこれ以外に確認されていない。この話が事実であるか否かは不明である。幕府の謀略という説もあるようだ。

忠晴は、二七歳の若さでありながら、神仏に頼らなければならない程、酒に溺《おぼ》れていた。乱世を生き抜いた祖父や父親と違って、世の荒波に直接もまれることも少なく、ひ弱な面があったのであろうか。重くのしかかる重圧から一時でも逃れるために酒の力を借りたのであろう。宝照院《ほうしょういん》（松江市外中原町）へ、酒を断つ願いを出している。それでも、克己の心が残っていたとみえ、「よう

敬白願望之事
右某意趣者抱日本國中大小神之
冥慮偏奉仰本地地蔵薩埵愛宕
山大権現并摩利支尊天地水
火風空之御威光乎国兹萬端
如意無為安泰之時満懐至極不可
勝計御恩徳也雖然遠酒之分別衛
今月今日令納矣於自今以後者弥
應心所専可令禁戒伏願者大権
尊天地水火風空哀憐合力退邪
道悪心令矣過不及之行給乃願書
識之謹言
寛永六年己巳
八月廿四日　高階堀山城守
忠晴判
進上

忠晴の禁酒願文《がんもん》（宝照院文書　東京大学史料編纂所蔵影写本）

やく酒の程をわきまえなければならないと納得しました。今後は強い自制心で酒を禁止します。」とある。

以上の堀尾氏三代と親族姻族を含む一族（口絵系図）が、藩政を推進することになる。

＊1　東側に発達した砂洲（弓ヶ浜《ゆみがはま》）で日本海とさえぎられた形となっている。
＊2　若干塩水の混じった汽水湖である。
＊3　現在は小さな湖であるが、『出雲国風土記』には神門《かんど》水海《のみずうみ》として記された大きな湖であった。
＊4　伯太川・飯梨川・斐伊川・神戸川他がある。
＊5　島根県東部から鳥取県西部にかけて広がる低地帯。松江平野、出雲平野も入る。
＊6　山名満幸らが、明徳二年（一三九一）、幕府に対して起こした反乱。
＊7　全一八巻。中国地方に焦点をあてて、尼子・武田・大内・陶・毛利緒家の盛衰を描いた通俗史書。香川正矩とその子宣阿によって書かれた。元禄八年（一六九五）頃成立。
＊8　当時の富田川は、もう少し西側京羅木山寄りの位置を流れていた。
＊9　松江藩主松平直政の侍儒、黒沢石斎《くろさわせきさい》が著した。石斎が松平家二代藩主綱隆《つなたか》に従って出雲に入国する時、母親を誘ったが同行しなかった。出雲の地誌として著し、母への土産話としたという。書名は、中国の故事「饗応で出た橘を懐にして、母にその地の土産とする」による。後に、『出雲国風土記』以来の名著と評価された。

＊10 連歌の宗匠の称号

＊11 氷上郡之内ヲ以

六千弐百八拾四石

令扶助華、目

録別紙有之、全

可領地候、恐々謹言、

天正十年　　筑前守

九月九日　　秀吉（花押）

堀尾毛介殿

「羽柴秀吉書状」圓成寺蔵

＊12 慶応三年（一八六七）に家臣が書き残した。

＊13 徳川家康・前田利家（利長）・宇喜多秀家・上杉景勝・毛利輝元の五氏

＊14 生駒親正・堀尾吉晴・中村一氏の三氏

＊15 浅野長政・石田三成・増田長盛・長束正家・前田玄以の三氏

＊16 慶長四年一月に、伊達正宗・福島正則・蜂須賀家政との婚姻関係を結んだ。

＊17 井伊直政の御誓詞

井伊兵部少輔殿吉春公江被遣候ノ文言

今度出入之儀ニ付、御書付之通、具ニ被

露申処ニ連々御心入不始于今義別而満足
被存候、向後何ニ而モ弥可被仰談儀尤ニ
候、以来少モ粗略御座有間鋪候、如此申
合候上、自然内府忘却被仕候者我等男ヲ
やめ可申候状具御心得候而諸相談所仰候
右之旨相違於有之者
神文
　　　　　　　　　　　　　井伊兵部少輔
　月　日
　　堀尾帯刀殿
　　　　「堀尾家由緒書」春光院蔵

＊18 中村孝也『徳川家康文書の研究』（一九五八）による。

＊19 田中氏あてに吉晴は謝意を表している
　尚々、今度岡崎尓ての御懇共、別而難忘存候
御上候付而、御使者畏存候節、可懸御目と存、以使者申入候処ほんさかへ御通候由、御紛
多存事、疵之事不苦間可御心安候、於岡崎宮川佐州をはしめ御馳走之段、中々書中不及候、
連々御養父御懇候間、何も無御如在御馳走ふり、殊兵粮已下御念入申入候、忝次第不浅候、
恐惶謹言

八月八日　　堀帯刀
　　　　　　吉晴（印判写）
　田民部様
　　人々御中
　　　　「田中家文書」　東大影写

＊20　岐阜川越之時忠氏公江被下文言
今度於濃州表合戦之刻、其方御家中江被討捕首
注文具ニ披見誠心地能義共候御手柄可申様無之候
明日令出馬候間、万事期其節候、恐々謹言
　八月廿九日　　　　　　家康
　　堀尾信濃守殿
　　　　「堀尾家由緒書」（春光院蔵）

＊21　マムシに噛まれた忠氏が玉造温泉で治療したが、当地で亡くなったため報恩寺で密葬がおこなわれ、墓として忠氏の石塔が建てられた。

＊22　古くから知られている玉造温泉のことである。『出雲国風土記』に神湯《かみのゆ》として記載されている。

コラム　堀尾家の江戸屋敷

最近、「江戸始図《えどはじめず》」が発見された。松江歴史館が所蔵する「極秘諸国城図《ごくひしょこくしろず》」のうちの一枚で、江戸城と城下の具体的な様子が分かり、大名・旗本に与えられた屋敷地の名前や官職から、慶長一二～一四年（一六〇七～一六〇九）頃に描かれたことが分かる。

東京都立中央図書館蔵の「慶長江戸図」と同じ頃のものである。「慶長江戸図」と比べると、城中心部の石垣や建物などが丁寧に描かれている。

「江戸図屏風」（国立歴史民俗博物館）の二代将軍秀忠が建てた江戸城天守は単独であるが、この図では大天守と小天守が多聞櫓《たもんやぐら》でつながれた連立《れんりつ》式天守となっている。現在残されているこの形式の天守には、播磨《はりま》国姫路《ひめじ》城天守がある。江戸城天守は大工の書き残した技術書『愚子見記《ぐしけんき》』の記録によれば高さ

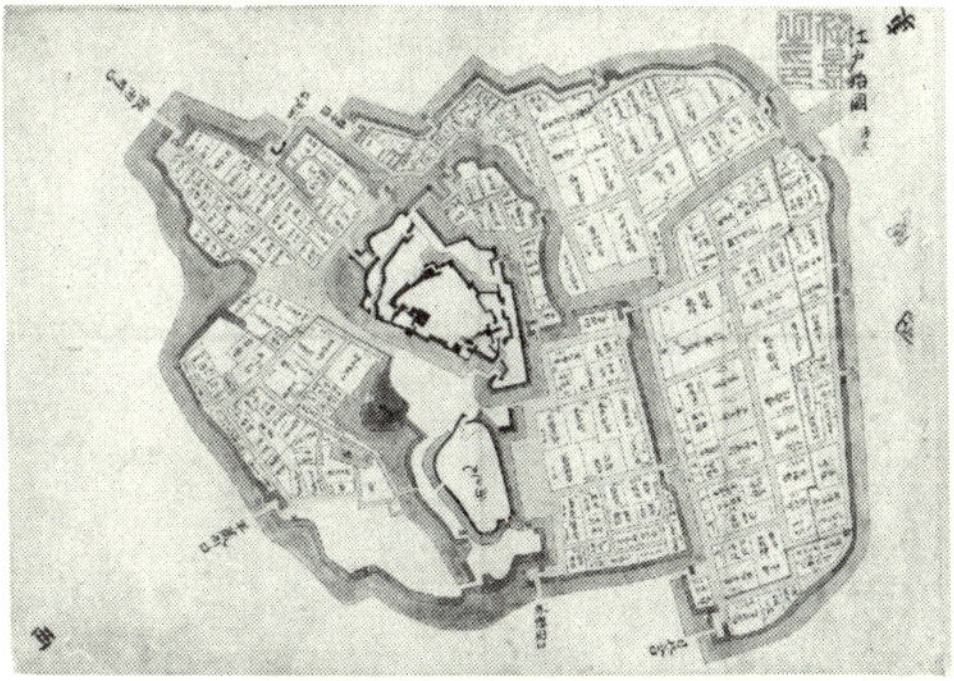

「江戸始図」（松江歴史館蔵）

六七ｍあり、大坂城の倍以上という。豊臣氏との争いがまだ続くとみた徳川家康は、周囲に権力を見せつけるため重厚な城を築いたのであろう。敵の攻撃に備えたものである。

城の周囲には、著名な人物の名前がある。

大手門を出て東へ約三〇〇ｍ道に沿って進むと、堀尾帯刀（吉晴）の屋敷がある。屋敷の各辺を示す六〇と六四の数字が記され、三、八四〇坪（約一万二七〇〇㎡）の広さがあったと分かる。東隣に藤堂和泉（高虎）、道をはさんで北側向いに松平筑前（前田利常）の屋敷がある。吉晴は家康に重用された人物といえる。

譜代大名に参勤が義務付けられたのは、寛永一九年（一六四二）で、そのはるか昔に屋敷地が与えられていたことになる。

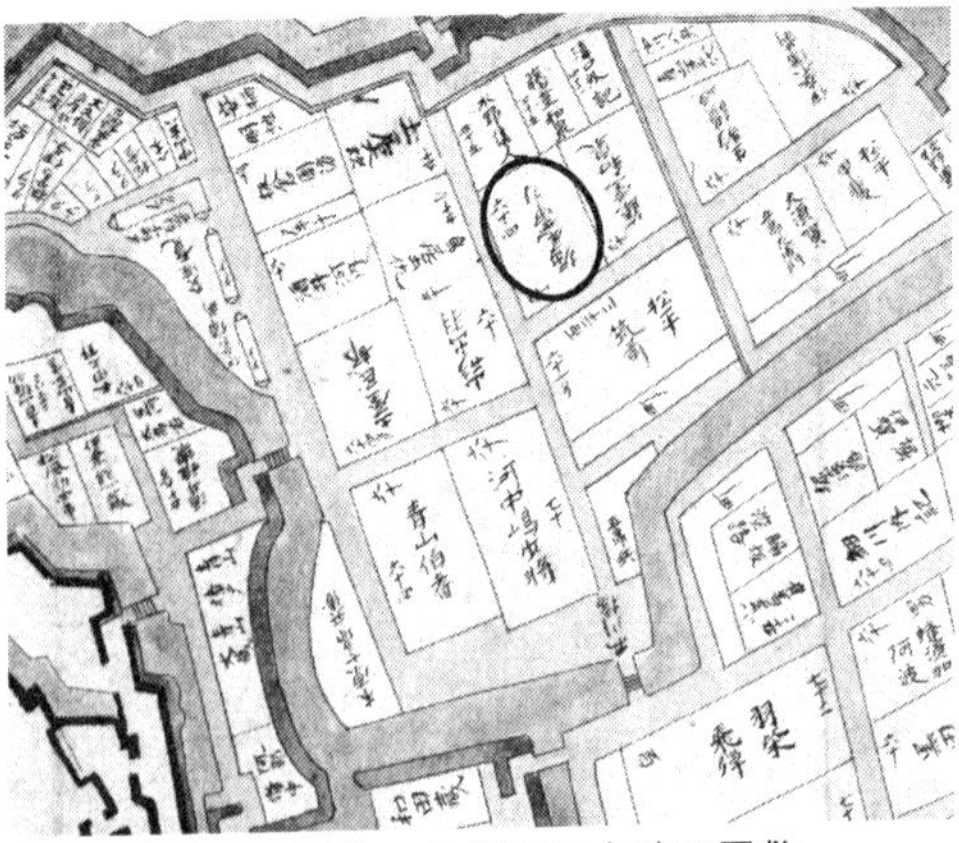

城下の屋敷　〇が堀尾吉晴の屋敷
「江戸始図」部分　加筆（松江歴史館蔵）

I

堀尾氏の出雲入国

一　富田城と城下のあらまし

富田城の位置と規模　出雲の東端、伯耆国《ほうき》と隣接する地域に築かれた。飯梨川《いいなし》の右岸にあたり、同川の河口から、南約七㎞前後の場所に存在する。出雲奥部の玉峰山《たまみねさん》六二四・九m）から蛇行しながら北流する飯梨川の上流は急流であるが、同川が富田川《とだ》と呼ばれるあたりから、幅広のゆるやかな流れとなっている。

月山富田城《がっさんとだ》*1を築いたのは佐々木義清《ささきよしきよ》といわれ、確証はないが一三世紀末頃と考えられる。本丸の標高一八九m、複雑な曲輪群で構成される範囲は、最大値で約一一三〇m×約九二〇mを測る広大な城である。長手方向

史跡富田城跡　鳥瞰図（下が北）
（安来市教育委員会提供）

は南西~北東方向をとる。おそらく、経久《つねひさ》・晴久《はるひさ》の時代に拡張されたのであろう。

　富田城の周辺にも、多くの城跡群が存在する。詳細は不明であるが、先にふれた大内《おおうち》氏が本陣を構えた京羅木山《きょうらぎさん》を除き、尼子《あまご》氏の出城的なものや各武将の居館的なものが大半と推定される。南側の塩谷、北側の新宮谷に居館他を配置した難攻不落の城であっ

富田川河床遺跡検出遺構
（昭和56年度調査区北から）
写真の上部（上流）が南

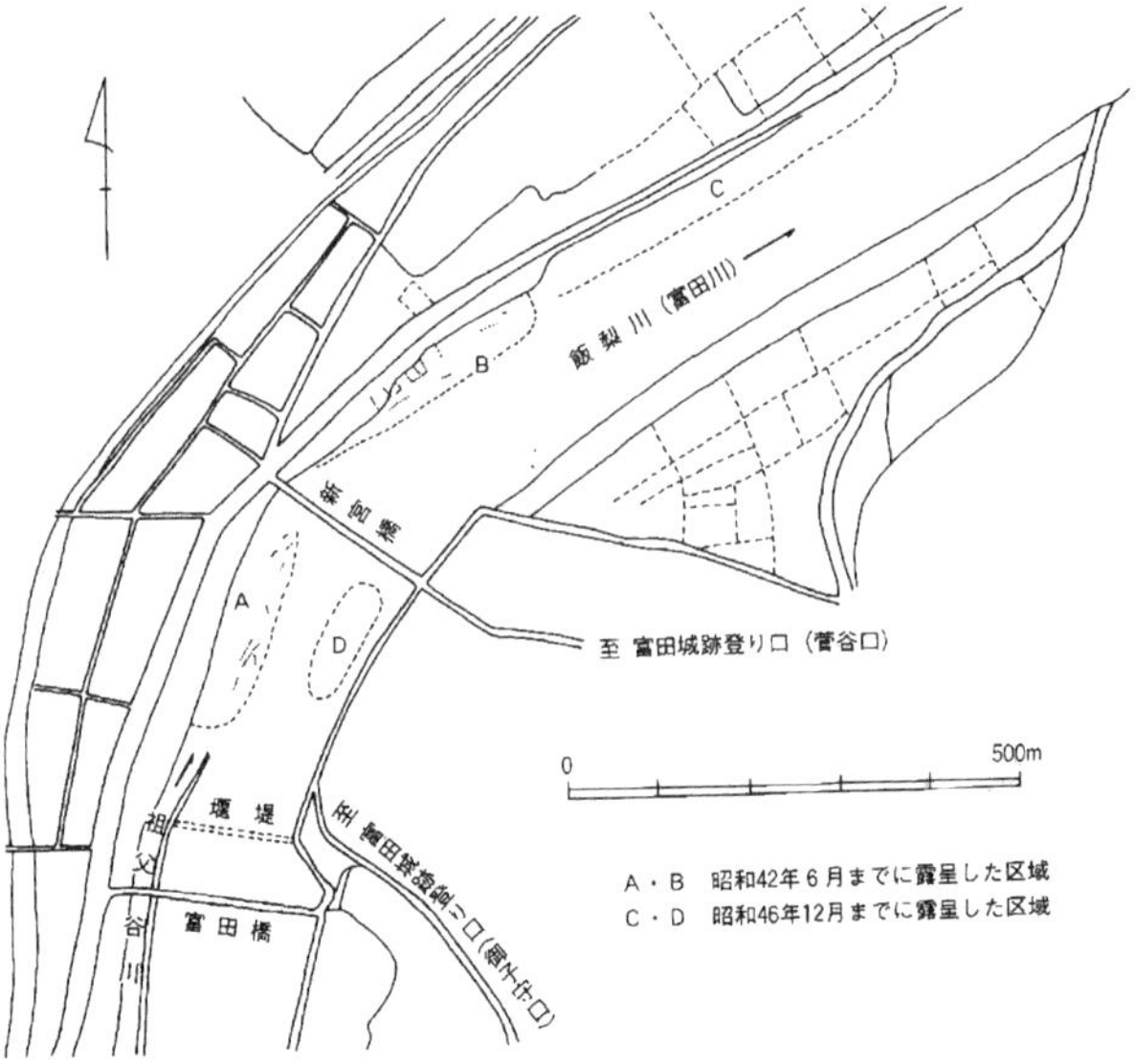

富田川河床遺跡露呈位置略図（原図は山本清氏作成）[2]

た。敵に包囲されて、尼子義久《よしひさ》は毛利氏の軍門にくだったが、実際の戦闘で城が落城するということはなかった。天然の要害、名城といわれる所以である。

富田城下　寛文六年（一六六六）に出雲地方を襲った豪雨で、富田川が氾濫し、流路が東側へ移動した。富田川左岸の護岸工事のために実施された発掘調査で、氾濫直前の町並が検出された。一六世紀前半代から一七世紀中頃の遺構が現れた。堀尾氏入部頃かそれ以前の遺構として、目を引くものに石垣（第五遺構面）があった。ちょうど御子守口《おこもりぐち》（三五ページの絵図参照）の正面にあたり、城に付随する防御《ぼうぎょ》施設とも思われる。昭和五六年度調査区 第一遺構面（寛文六年の生活面）の諸遺構の軸線と約三〇度傾いている。

昭和五一年（一九七六）度調査区（新宮橋下流部）から、数棟の建物の間口に沿って北東～南西方向に、幅六ｍ前後の幹線道路跡が約二七ｍにわたって検出された。また、昭和五六年度調査区（富田橋～新宮橋）の第一遺構面でも、三軒の屋敷跡沿いに同方向

富田川河床遺跡　道路跡
（昭和51年度調査区　東から）

富田川河床遺跡　屋敷群と道路
（昭和56年度調査区　上流部第１遺構面　西から）
寛文6年の遺構で、3軒の屋敷跡・道路跡（手前）が検出された。この面の下に堀尾氏入部頃の遺構面がある

富田川河床遺跡　御子守口正面の石垣遺構　（昭和56年度調査区下流部　第５遺構面　北から）

の幅六ｍの道路跡が検出された。両者は、繋がっていたものであろう。

　掲載した絵図「月山城図」*3は、江戸時代中期以降に描かれたもので、軍記物などの説明に用いるため作成されたと言われている。立派な石垣とその上の建物は、想像上のものであるが、手前の城下は、当時の雰囲気を伝えているものと思われる。城の西麓に堀が、城下町の西端に富田川が描かれている。現在の富田川は、前述のとおり城の西麓に流路を替えている。堀の実態は、不明であり、想像上のものとも思われる。現在の富田川とほぼ並行して、南北方向の町並が描かれている。これは、発掘された町並や幹線道路と並行したものと考えられる。商工業の職種名を冠する町名や寺院などが町割りされていた。寛文六年は、堀尾氏入部の六六年後にあたり、松江藩の支藩として新しく広瀬藩が誕生した年である。藩祖松平近《まつだいらちか》栄《よし》*4は、新しい町づくりに着手しなければならなかった。恐らく、洪水以前の町並に

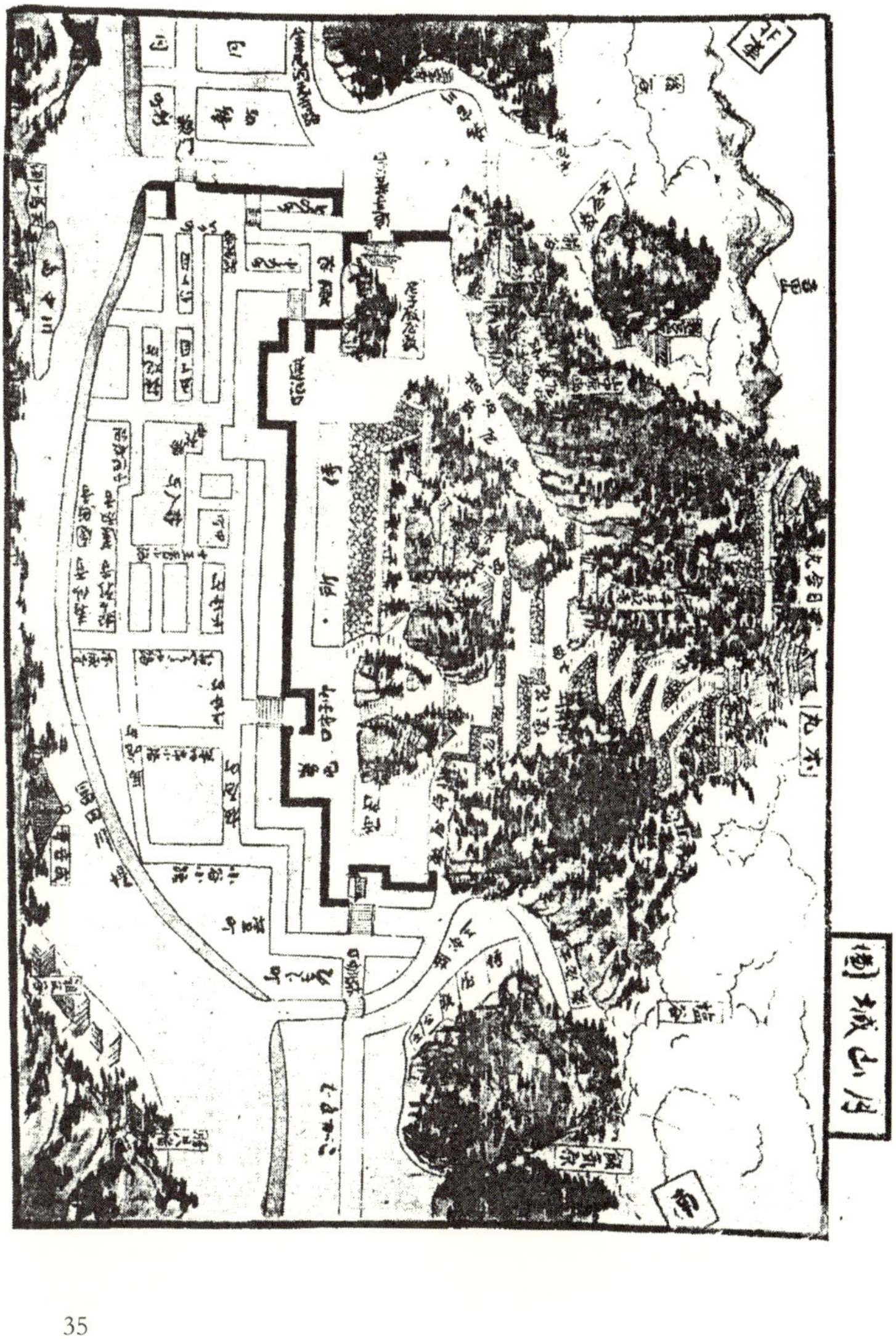

「月山城図」（松陽新報社版『雲陽軍実記』）左が概ね北

倣《なら》ったのであろう。新しい町並は現在の町に継承されている。これらの絵図が作成された頃は、まだ以前の町の記憶や記録が残っていたと思われる。

＊1　単に月山城とも呼ばれることもある。城主は、佐々木・山名・京極・尼子・毛利・堀尾と相次いで変遷した。

＊2　富田橋下流部に、砂防堰堤が築かれ、その下流部を覆っていた砂が流出した。そのため、寛文六年以前の町並が出現し、遺跡の存在が明らかになった。

＊3　約二十位の絵図があるといわれ、おおよそ二通りに分けられる。一つは富田川中流域から下流の中海に注ぎ込むあたりまでのもの、他の一つは富田城を中心としたものである。本書には、後者の「月山城図」で、明治四四年松陽新報社版『雲陽軍実記』添付のものを掲載した。

＊4　松江藩主松平直政《なおまさ》の二男で、長男綱隆《つなたか》が二代藩主となった時、新たに広瀬藩主となった。同時に、三男隆政《たかまさ》は母里《もり》藩主となった。

二　富田城の改修

近世城郭の建設　慶長五年（一六〇〇）、堀尾忠氏は富田城に入った。それ以前の富田城は、吉川元春《きっかわもとはる》の城で、この時代に大がかりな修復がなされている。二の丸と三の丸でみられる石垣は、一見新しそうに見えるが、元春の時代に築かれたものであろう。

本丸からかなり下った標高八〇m前後の位置に、富田城内最大の面積をもつ約六〇〇〇

二ノ丸石垣（南から）

二の丸虎口（北から）

三の丸石垣（北西から）

㎡の山中御殿平《さんちゅうごてんなり》が築かれ、これが堀尾時代の富田城の中心となる。

山中御殿平の発掘調査は、昭和五二年から断続的に行われてきた。その結果、概ね次のようなことが分かってきた。

山側の周囲を、内部から見て高さ二～三m前後の石垣が取り巻く。内部は、「上御殿平」と「下御殿平」がL字型の低い石垣で区画されている。出入口にあたる虎口《こぐち》は、伝大手門《おおてもん》・旧大手門・菅谷口《すがたにぐち》・塩谷口《しおたにぐち》が知られていた。

奥側の石垣には合坂階段が、東には菅谷へ通じる菅谷口、西南には塩谷に通じる塩谷口が設けられていた。また、新たに北西部で下御殿平の虎口跡が検

周囲の高さ2～3m前後の石垣

菅谷口（西から）

塩谷口と合坂階段（東から）

塩谷口（東南から）

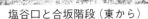

出された。幅約一三ｍの階段遺構を伴う。西側斜面は、崩壊が著しいが、城門の礎石とも思える石が検出された。階段の軸を隣接する多門櫓《たもんやぐら》の石垣に平行させないで、ほぼ真西方向にとっているのは、「おそらく花《はな》ノ《の》壇《だん》*1からこの虎口へ至るルートを想定しての事であろう」と、調査者は推測している。

伝大手門は、上御殿平の北西隅から大きく窪んだ谷地形部をさすが、「大手門」と呼ばれるようになった経緯等は不明である。数か所で発掘調査も行われているが、礎石な

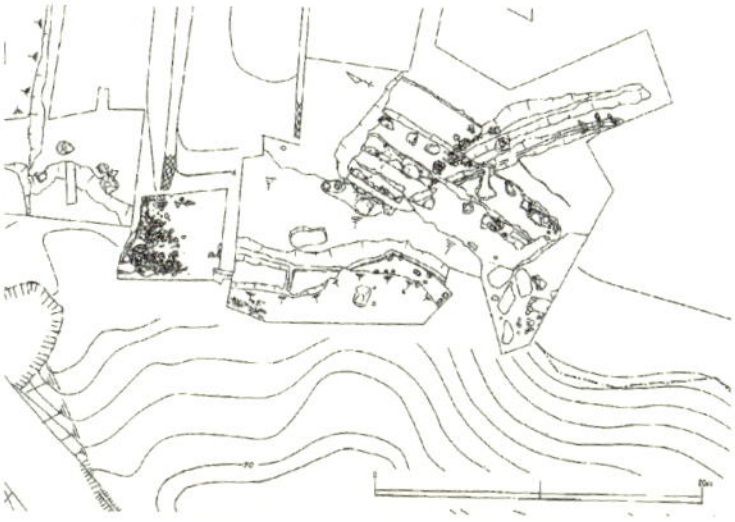

下御殿平の虎口遺構

下御殿平の虎口遺構（南から）

山中御殿平（塩谷口付近から）
植栽部分は建物跡、左の谷地形部分が、
伝大手門

ど、門跡の根拠となる遺構は検出されていない。旧大手門は、上御殿平の北側石垣（伝大手門の東）部分である。この石垣面を見ると、隅石に相当する部分が二か所あり、逆八字形を呈している。ある時期に埋められ、一つの繋がった石垣に改修されている。間口は約七・五ｍで、両隅石は算木積《さんぎづみ》となっている。菅谷口は、下御殿平の東側に位置する虎口で、以前から知られていた。石垣に挟まれた門があったと考えられるが、発掘では礎石などは確認されていない。この虎口は長年月の自然堆積土で埋まっていた。塩谷口は、上御殿平の西南に位置する。狭い門跡を通って入ると両側に石段がある。合坂となっている。ここも、瓦片を含む大量の真砂土《まさど》で埋められていた。少なくとも、旧大手門と塩谷口は人為的に埋められ塞がれている。

上御殿平で、建物跡二、溝、石組遺構が検出されている。下御殿平では、掘立柱建物跡一と先述の虎口跡が検出された。

旧大手門石垣（北から）
右に隅石が見える

伝大手門（西から）

全面発掘ではないので、建物配置や時期などの細かいことは不明であるが、中心的な施設が存在したことは疑うべくもない。

御殿平と各虎口の関係については、判然としない面が多い。山中御殿平を近世城郭の本丸的なものとすれば、虎口は、大手と搦手の二か所が考えられる。旧大手門跡が埋め立てられ改修されていることから、それぞれの虎口は、時期を異にするいくつかのセットがあるとも考えられている。また、各虎口からの出土遺物から、一六世紀末以降に山中御殿平が建設されたと推定されている。

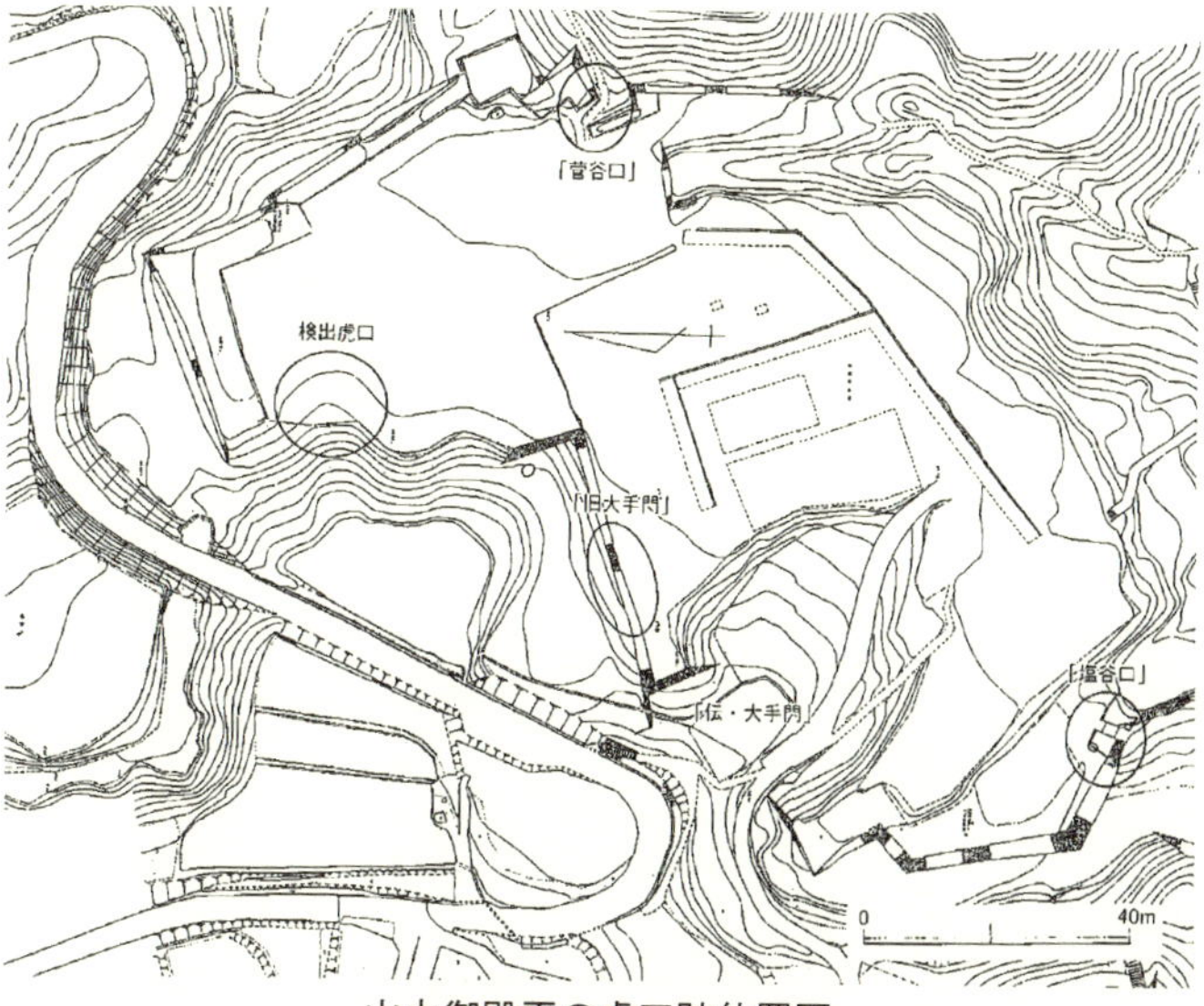

山中御殿平の虎口跡位置図

堀尾氏の出雲での仕事は、とりあえず富田城を改修して、別に新しい城と城下を創ることから始めなければならなかった。

＊1　山中御殿平の北西方向に延びる丘陵上の曲輪。

三　新しい城地の選定

歴戦の経験豊かな武将であり、築城の名手とも言われた堀尾吉晴は、いかに富田城が名城であっても、兵農分離後の社会には不向きであることを感じ取ったに違いない。銃砲による攻撃を防げない、周囲の山から俯瞰《ふかん》される、城下を広くとれない、地理的に偏《かたよ》っている、水上交通の便が悪いなどの理由から、新時代に適していないと判断した。恐らく、吉晴・忠氏の父子は、富田に入るころから感じていたが、富田城本丸に立ち

富田城本丸から、城下〜下流方面を見る

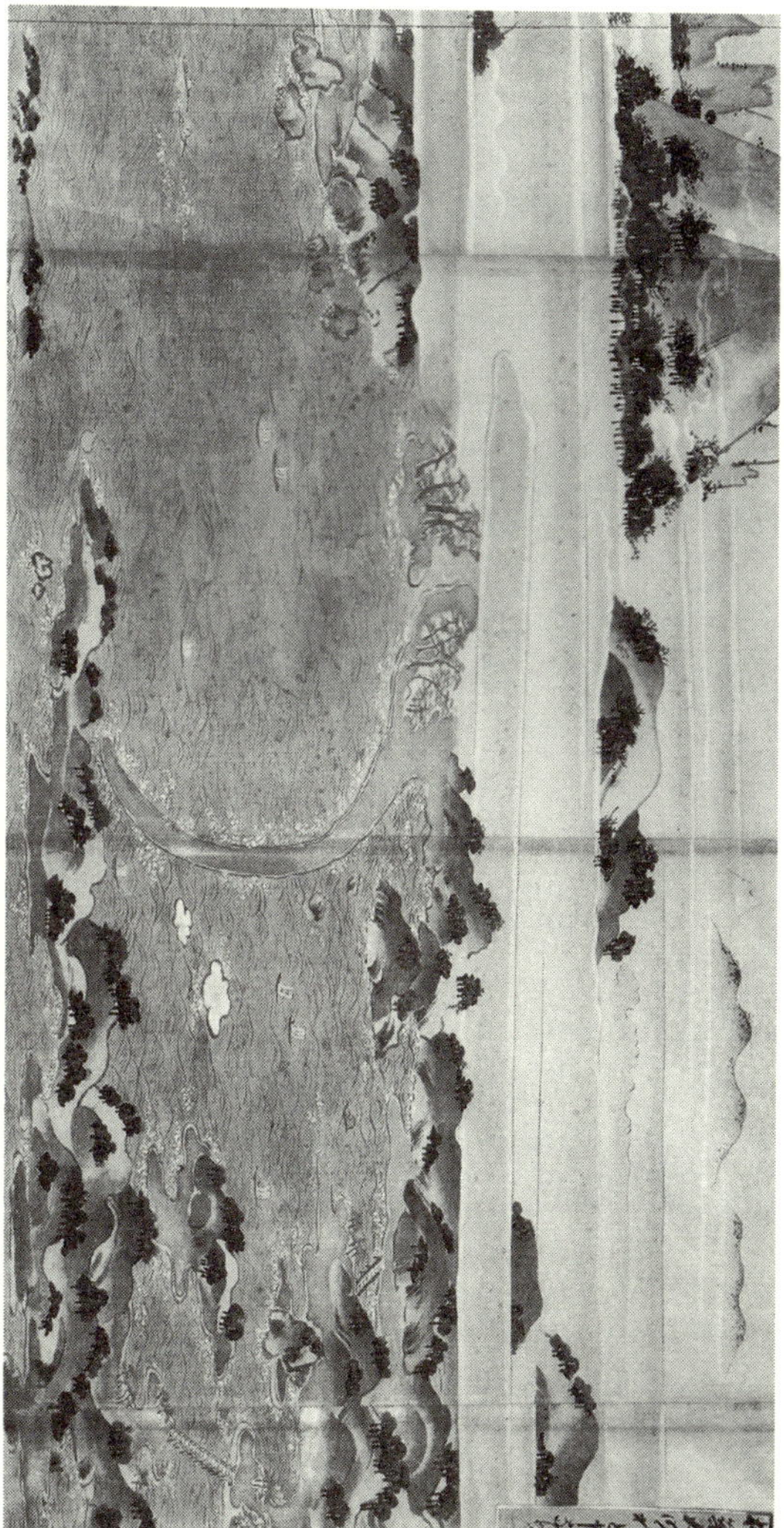

「大山寺縁起上巻」(模本)応永5年(1398)・天保2年(1831)写(東京国立博物館蔵)
日本海上空から見た俯瞰図。左端の山は大山、下(北)に東西方向の島根半島、右側(西)に白潟と末次が描かれている

城下から下流方向を見て、「これは狭すぎる」と実感したに相違ない。吉川元春《きっかわもとはる》の子広家《ひろいえ》も、この城と城下に限界を感じ、天正一六年（一五八八）、新しく伯耆《ほうき》国米子《よなご》に城を築きはじめていたが、これは未完成に終わった。慶長八年（一六〇三）、堀尾親子は幕府の許可を得て新城地の選定にのりだすことになった。

内水面の状況　応永五年（一三九八）には、島根半島南側の内水面は、日本海からの物資輸送ルートに繋がっていた。言わば、重要なシーレーンであった。「大山寺《だいせんじ》絵巻」に行きかう帆かけ舟一〇艘と櫓《ろ》舟二艘が見える。

天正三年（一五七五）の『中務大輔《なかつかさだゆう》島津家久《しまづいえひさ》公御上京日記』に、次のような記述がある。**（文献70・83）**

六月二一日の午後、（中略）大山《だいせん》に参詣した。そこから尾高《おだか》という城と尾高町を通過し、「よなこ（米子）」という町に着いた。予三郎《よさぶろう》という者の所に宿泊した。

二二日の明け方に米子から出船し、出雲国《いずものくに》の「馬かた」という村では関を取られた。その途中では、弁慶《べんけい》が住んでいたと伝えられる枕木山《まくらぎさん》が見え、その下に大根島《だいこんじま》か見えた。さらに進んで「しらかた（白潟）」という町に着船し、小三郎《こさぶろう》という者の所で昼食をとった。また舟に乗っていくと、右手に檜木ヶ山《ひのきがせん》という城が見えた。

それから宍道湖《しんじこ》の西端に蓮花が一〇〇m以上の沖合から一面咲き乱れ、さながら彼岸《ひがん》へ至る御法《みのり》の舟のようだと思いながら漕《こ》ぎ進み「平田《ひらた》」という町に着いた。九郎《くろう》左衛門《ざえもん》という者の所に宿泊した。十郎三郎《じゅうろうざぶろう》から瓜《うり》を、また玄蕃允《げんばのじょう》から酒を提供された。

（文献70より転載）

島津家久は、島津家当主である義久《よしひさ》*1の弟の一人で、なかなかの文人であった。元亀元年（一五七〇）薩摩国隈之城、串木野を領した。家久一行は、天正三年二月に薩摩《さつまの》国《くに》を出発し、一か月以上京都に滞在し、京都から薩摩へ帰る途中の記録である。舟の着いた港に「米子」・「馬潟《まがた》」・「白潟」・「平田」がある。家久の目から見て、米子・白潟・平田は町で、馬潟は村であったようだ。町は港湾都市としての機能を持っていたと思われる。「馬潟で関を取られた」とあるのは、通行税（関銭・関料）を取られたということであろう。「漕ぎ進み」とあるから、一行は少人数で、のんびりと櫓舟で舟旅をしたのかもしれない。穏やかな日の内水面なら可能なことである。

新城地の条件　意宇《おう》郡の白潟《しらかた》と島根郡の末次《すえつぐ》という隣接する町場が、物流・交通の要衝であった。白潟は、内水面に形成された砂洲にある。中世には「松江の府」とか「松江（白潟）の港」とか呼ばれ、人や物資の集散地となっていたようである。寛永出雲国絵図[2]をみると白潟のあたりには、「松江」と記入されている。末次の周囲は、低丘陵とか低湿地や沼状の地が広がっていた。敵の侵入を防ぎ、大勢の人々の生活が可能ということが、新しい城下町の自然条件として大きかった。

これといった史料はないが、風水思想も影響を与えたと思われる。名古屋城の場合、『金城温故録』[3]から、四神相応の考え方が城地選定の一つの要因であったと思われる。しかし、その四神相応は、本来考えられていたものと異なっている。四神相応が単によい土地であることの言い換えに過ぎなかった可能性を示している。『石州《せきしゅう》濱田《はまだ》御城覚書』[4]によると、「四神相応之地」の記述がある。地元高校生の研究で、そのあらましが推定されている。松

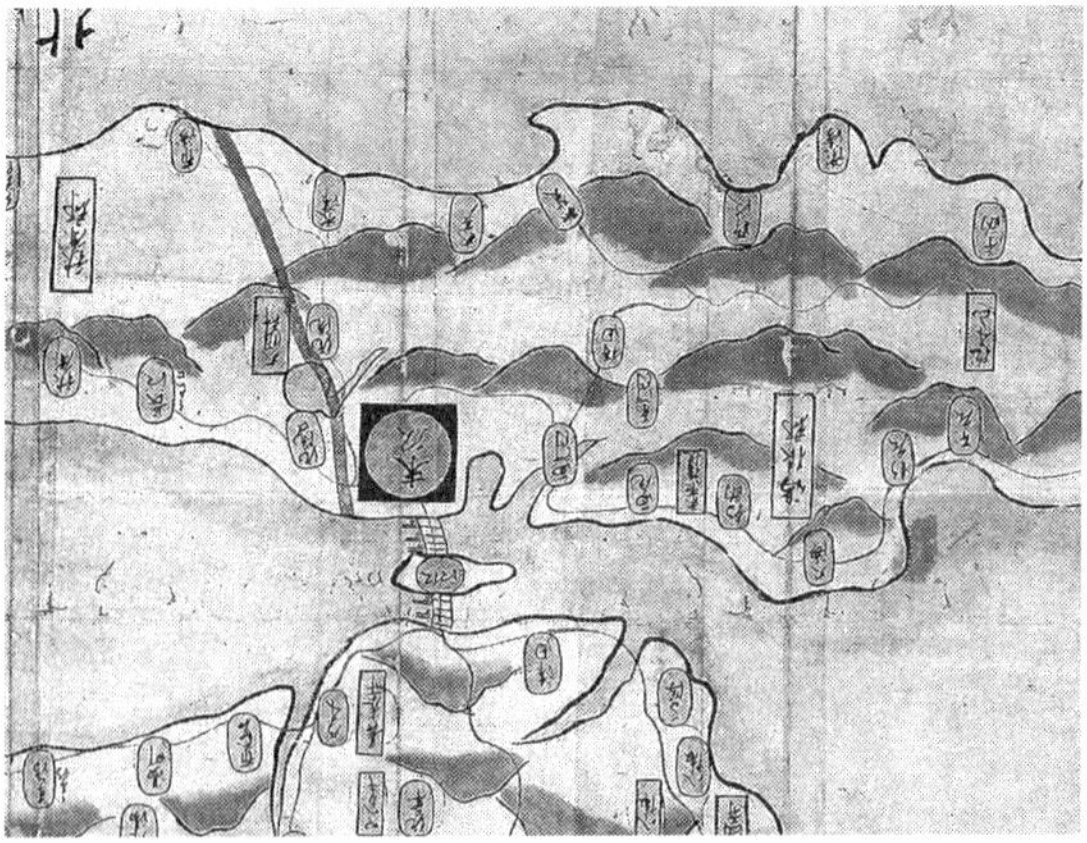

寛永出雲国絵図（寛永10年）部分（島根大学附属図書館蔵）

江の場合も、考慮を要する。

実際の新城地選定　仮定の話であるが、伯耆国に中村《なかむら》氏が入る前で、富田城の領内であるならば、米子を新城地に考えたかもしれない。

尼子《あまご》氏が荒隈《あらわい》城に拠点をおいた毛利《もうり》氏に滅ぼされたことが、念頭にあったと思われる。堀尾親子は、島根郡や意宇郡を中心に歩き回ったらしい。

『松江亀田山　千鳥城取立（之）古説』（以下、『千鳥城取立古説』）*5には、松江開府当時のことが記されていて興味深い。城地選定の情景として、意宇郡の乃木村元山《もとやま》（松江市雑賀町と乃木の境）から、対岸の島根郡方面を見ながら、親子の意見交換の様子が描かれている。以下、**文献47**の記述をもとに、その様子をかいつまんで紹介しよう。

吉晴・忠氏親子は、出雲・隠岐を拝領すると領内各地をまわり、島根郡に新城地を築きたいと届け出て許された。乃木村元山から対岸の島根郡の地形を見分する。吉晴は、「荒和井《あらわい》山は戦略上の欠点がないようなので、あそこを城地と定めたい。」と言った。忠氏は、「戦略上の欠点は少ないが、山の台が大きくて天守閣も五重にしなければ櫓《やぐら》同然に見える。我々の身代では末々難儀《なんぎ》になり、五〇万石以上なくては維持が困難に思える。私見では、右手の亀田山が適地と考える。山は小さいが、要害は荒和井・鶴ヶ崎[6]に劣らない。…」と意見を述べた。吉晴は、「その見立ては面白いが、山が小ぶりで平城のように見えるのが気になる。よく相談してから決めよう。」と言って、富田へ帰城した。ところが忠氏は急に病気になり、養生のかいもなく他界したので城地移転は沙汰やみとなった。

元山で親子の意見交換をする時、床几に腰かけていたので、この地を床几山《しょうぎさん》と呼ぶようになった。荒和井山とは、毛利氏が尼子氏攻略の拠点とした荒隈城のことである。

＊1　島津家一六代当主。天正六年（一五七八）薩摩・大隅・日向三か国を平定し、引き続き九州統一を進めたが、同一五年豊臣秀吉に降伏。同一七年琉球国王尚寧《しょうねい》の使僧天竜寺桃庵を京都に同行。文禄元年（一五九二）秀吉から琉球を軍役負担の与力としてつけられた。

＊2　松江城竣工から二十数年後の寛永一〇年（一六三三）に描かれている。

＊3　文政年間（一八一八～一八三〇）の名古屋城に関する記録。『尾張徳川家本』の一つ。

＊4　享保年間（一七一六～一七三六）浜田市立図書館蔵

＊5　一八世紀初頭に描かれたと思われる。一次資料ではなく、伝聞の集積である。詳しくは、コラムを参照。

＊6　所在不明。鶴ヶ崎の地名は見当たらないが、満願寺城跡をさしていたとも考えられる。

四　元和の一国一城令までの支城

出雲国領内で、富田城と松江城を除き近世初頭の石垣を伴い虎口をもつ城には、三刀屋《みとや》尾崎《おざき》城（雲南市三刀屋）・赤名瀬《あかなせ》戸山《とやま》城（飯石郡飯南町）・三沢《みざわ》城（仁多郡奥出雲町）がある。以下この三城跡について略述しよう。

三刀屋尾崎城　三刀屋尾崎城は、出雲国のほぼ中心にあたり、備後《びんご》国へいたる交通上の要衝である。三刀屋川左岸に位置して、同川と斐伊《ひい》川の合流地点から、南約三㎞上流地点にあたる標高一三五ｍの山頂部を中心に築かれた、東西約四五〇ｍ、南北約二六〇ｍの大きな山城である。

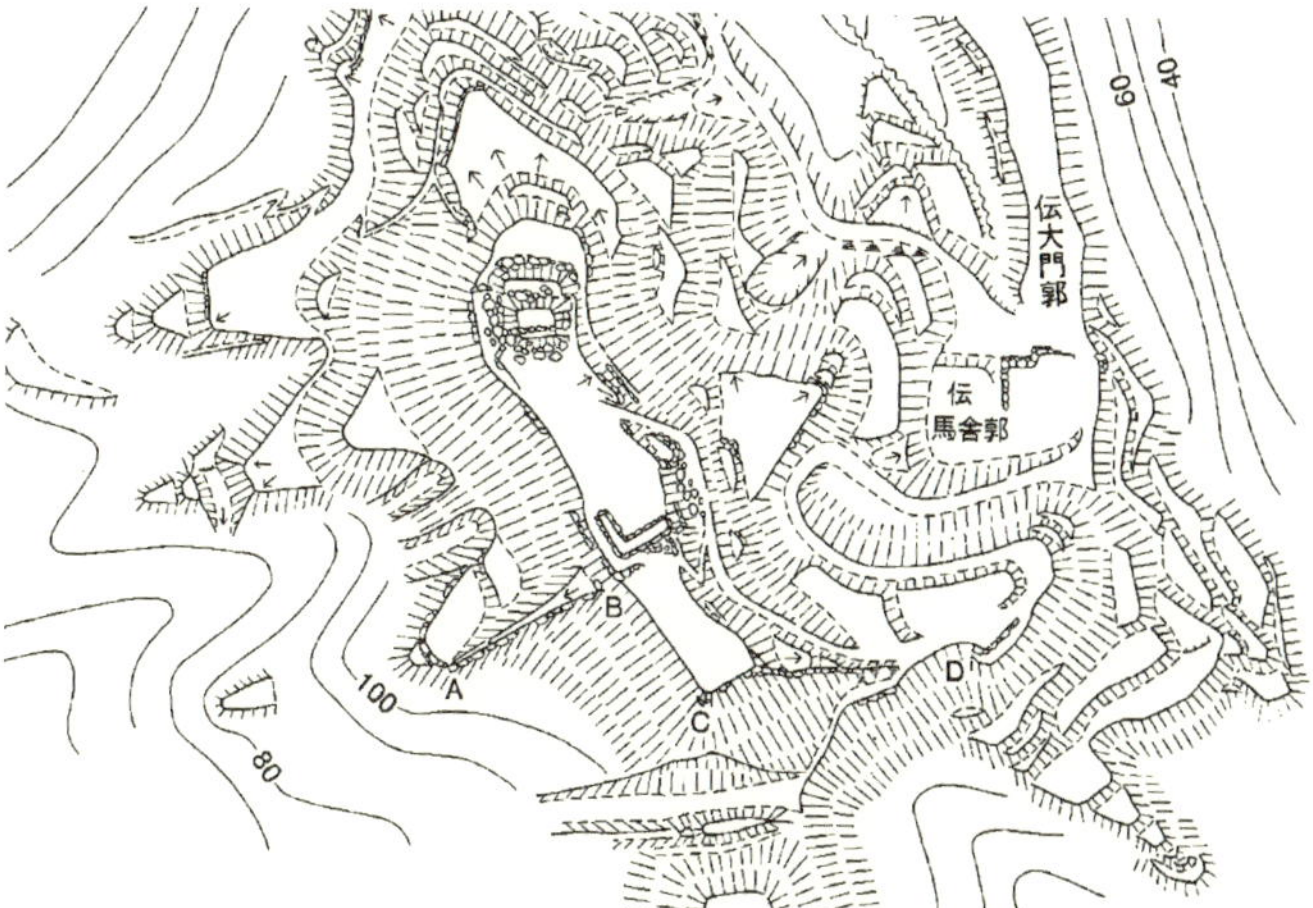

三刀屋尾崎城曲輪配置略測図　左が北

山頂部にみられる南北一一〇m×一五〜二〇mの曲輪が主郭（本丸）となる。主郭の東端に、石垣による方形の土壇がある。天守台と推定されている。主郭の南に派生する尾根筋は伝馬舎郭と呼ばれる曲輪で、直角に東へ向かい、その尾根筋に伝大門郭が存在する。伝馬舎郭は横矢の効く石垣を伴う曲輪で、大手虎口の枡形《ますがた》と考えられているが、破壊されていて明確な遺構は残されていない。各石垣が、基底部のみを残して崩落しているのは、自然崩落でなく、元和の一国一城令によって行われた破城のためと考えられる。

中心部は、割石による石垣で築かれている。石材は花崗岩で、三刀屋川を遡った栗谷に矢穴の残る石切場が近年まであったという。瓦の出土はなく、瓦葺建物はなかったと思われる。こうした曲輪の構造は、近世城郭の特徴を示し、堀尾氏の時代のものと考えられている。城主は、堀尾吉晴の弟、堀尾掃部《かもん》であった。

赤名瀬戸山城　赤名瀬戸山城（衣掛城）は、神戸《かんど》川右岸の現国道五四号線沿いに位置する。この谷筋の道は

赤名瀬戸山城大手相当の虎口（東から西の主郭方向を見る）（文献75所収中井氏論文より転載）

備後国にいたる幹線道路で、城の北西山麓にちょっとした町が開けている。宿場町であった。その町から南へ四㎞で備後国境となる。町の部分から南西方向への谷筋があり、約六㎞で石見《いわみ》国境となり、しばらく進むと江《ごう》の川《かわ》にいたる。備後国や石見国に通じる交通の要衝、言い換えれば、出雲街道（松江・備後国間）と銀山街道（石見国東部・備後国間）が交差する地点であった。最高所は標高六八三m（比高九〇m）で、丘陵頂部から麓部までに曲輪が築かれた山城である。

一四世紀後半に、佐波常連《さなみつねつら》が赤名庄の地頭となり、赤名氏を称しこの城を築いたと伝えられている。戦国時代には、出

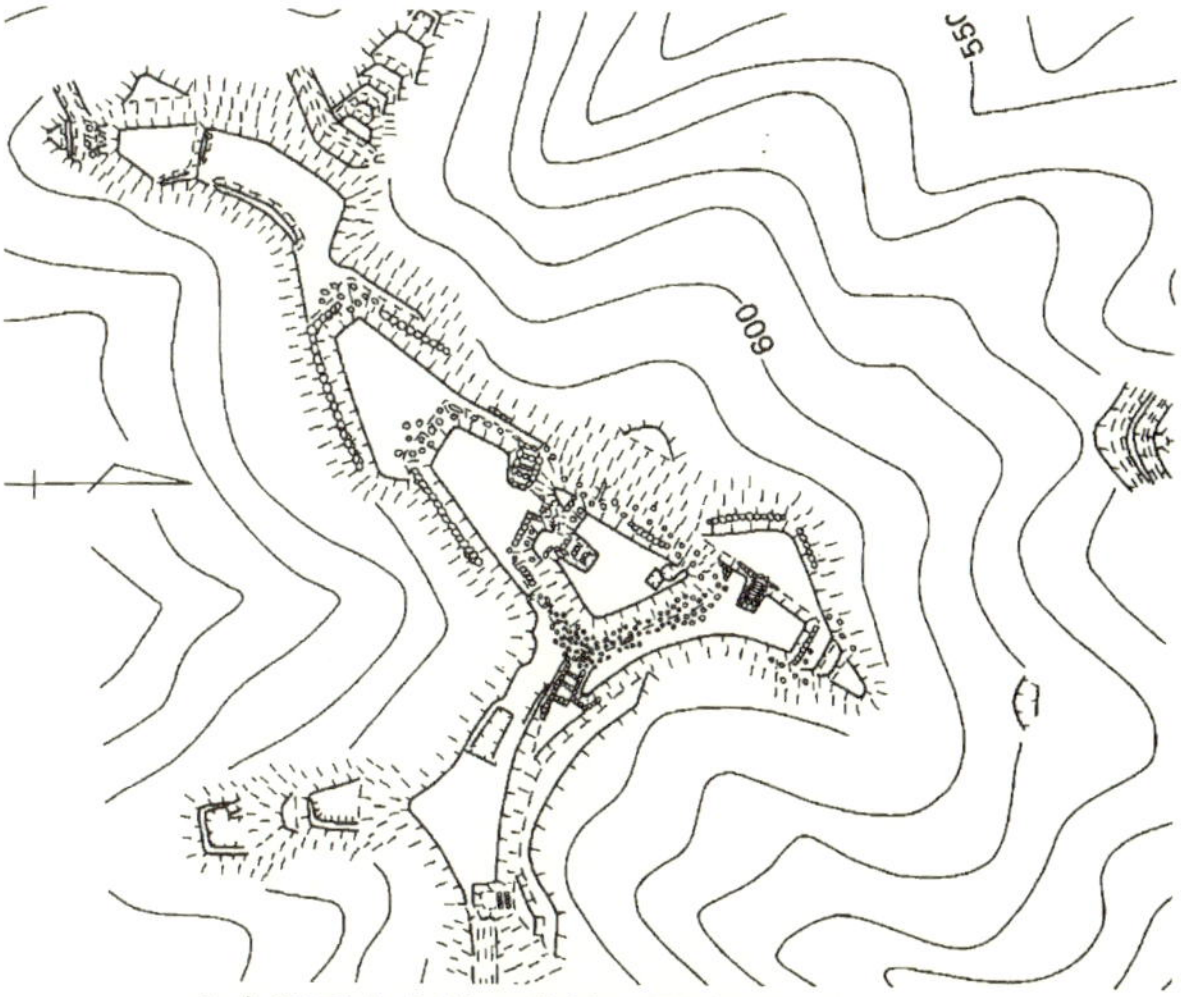

赤名瀬戸山名城の曲輪配置略測図（中心部）

雲・備後・石見の国境にあることから、尼子、毛利両氏の抗争の場となってきた。

当地方では、歴代赤名氏の居城として知られているが、現在見ることのできる遺構は、頂部を中心に構築された近世初頭の総石垣の曲輪である。主郭は、最高所と考えられるが、石垣は破壊されている。虎口は、数か所で確認されている。主郭の東側一段下の曲輪に設けられた主郭へいたる虎口は、通路内を直角に折り曲げて直進を阻む形となっている。この城で、最も整えられた虎口であり、大手に相当する虎口と考えられている。

城の破壊はほぼ全域で行われているが、西面、街道に面した石垣は徹底的に壊され、根石も確認できない。その他の面は石垣のコーナー部が数か所確認できる。主郭の南方に連なる曲輪にも石垣があるが、上部の破壊にとどまっている。破城は、街道から見える部分を中心に行っている。元和の一国一城令によって行われた破城とみることができる。こうした破城の様子からも、堀尾氏の支城であったといえよう。三刀屋尾崎城と異なり、石材に矢穴が認められないという。これはチャートが目立つなど、石材の違いによるものと考えられている。

宿場町は、堀尾氏の支城時代に始まる。その前は、約二㎞北の古市に町があった。堀尾氏の重臣松田左近《まつださこん》によって移されたと伝えられている。町並は三本の通りからなっていた。最も城に近い東側の街路部分が武家地と寺院地からなり、中央の街路部分が町屋となっていた。単なる国境警備の支城ではなく、地域支配のために松田氏が配置されたと思われる。

三沢城　三沢城（鴨倉城）は、斐伊川上流部と同川の支流阿井《あい》川の間に位置し、阿井川右岸に近い。標高四一八ｍで、麓の集落から比高一五〇ｍあまりの独立丘陵に近い山に築かれた、南北約三六〇ｍ、東西約三〇〇ｍの巨大な山城である。西の阿井川側は、急峻な地形となり、東の集落側は緩やかな斜面となっている。出雲最大の国人《こくじん》三沢氏の居城として知られている。南に備後国、東に横田荘、北・西に大原郡・飯石郡

上：三沢城遠景（西の下鴨倉から）
（文献43より転載）
下：大手石垣　（文献86所収中井氏論文より転載）

を一望できる。
主郭（通称本丸）と鳥居丸（副郭）が巨大な堀切の両側に並んでいる。主格の西側一段下に岩棚郭と呼ばれる曲輪があって、その南辺に長大な土塁が廻る。主郭直下部分で、土塁を切るような形の虎口が設けられている。

大手曲輪の正面に石垣を築いているのが特徴的である。大手門と呼ばれ、枡形《ますがた》の虎口であったと思われる。この虎口から主郭に至るには、二ノ丸を経てつづら折れの道がある。この道の側面にも石垣が組まれている。

石垣の構造等は、三刀屋城や赤名

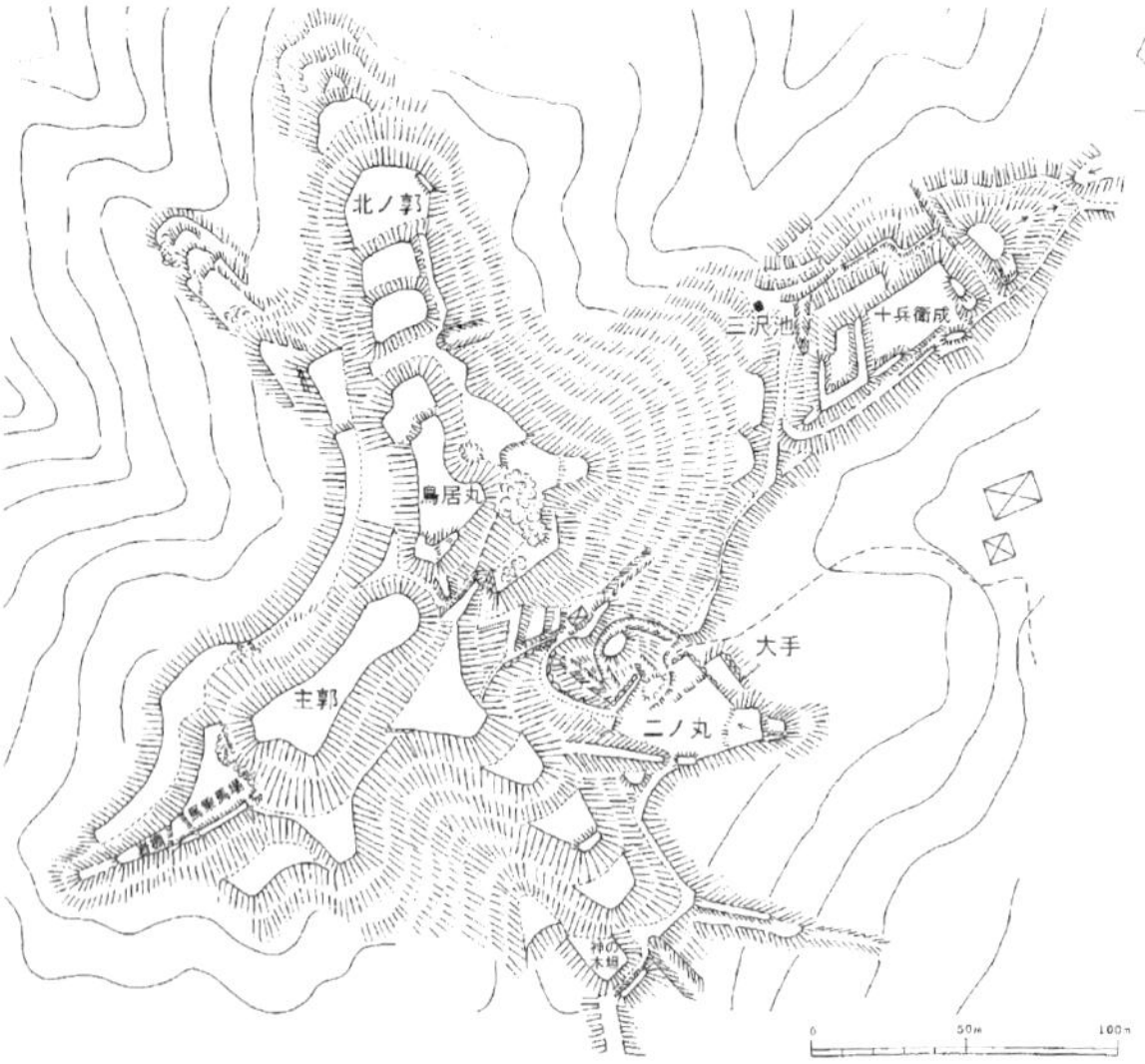

三沢城の曲輪配置図（文献86所収中井氏論文より転載）

瀬戸山城と大きく異なっている。大手石垣は、自然石を積む野面積《のづらづみ》で、出隅部には巨石を用いるが、算木積とはなっていない。一見、古式な様相を見せるが、年代差を示すものでなく、工人の差であろうと推測されている。

亀嵩城　以上、富田城以外の松江城の支城と思われる三城について紹介したが、これ以外に亀嵩城《かめだけ》（仁多郡奥出雲町）も、松江城の支城と考えられている。石垣は見られないが、宝永二年（一七〇五）の覚融寺《かくゆうじ》（奥出雲町）の文書に、「一、堀尾山城様御代前田丹波殿、堀尾但馬殿亀嵩之城一覧之上ニテ丹後（備後カ）、伯耆之境目自然諸国動乱之節御番衆為被入置為御用意当寺御建立被成竹林三九郎共申仁普請奉行被仰付候之由、」と記されていることから、支城の一つ考えられている。堀尾忠晴の時代に、前田丹波（堀尾泰晴の姉の孫）、堀尾但馬（堀尾泰晴の弟方泰の子）を備後・伯耆の境目付近の亀嵩城に配置していた。どうも三沢城と亀嵩城は、富田城・三刀屋城・赤名瀬戸山城とその性格が異なり、二城が

亀嵩城（西から）
（文献86所収中井氏論文より転載）

対となって機能していた国境警備の城であったと考えられるようになっている。備後から松江に至る街道に沿って両城で挟む形（両城間の距離は約九㎞と離れているが）で、敵の侵入を防ぐ目的があったと想定される。三沢城は麓部分を改修しただけである。亀嵩城は、山麓に番衆を置くための覚融寺を建立して城は最後の詰城とする目論見であったようである。どちらも戦国時代以来の城にあまり手を加えてない。

五　隣藩米子城への出兵

中村一氏《かずうじ》は、早くから秀吉《ひでよし》に仕え、堀尾吉晴とも昵《じっ》懇《こん》の仲であった。小田原攻めの後、駿河《するが》国一七万石を領し府中《ふちゅう》城主となった。豊臣家の三中老の一人で、関ヶ原の戦いでは徳川方に加わった。

慶長五年（一六〇〇）、関ヶ原の戦いの功により、子の忠一《ただかず》（一学あるいは一忠）は、伯耆《ほうき》国米子《よなご》城＊1主となり、一七万五〇〇〇石を領した。わずか一二歳

米子城古天守（部分）（冨田公夫氏蔵）
（文献19より転載）

であった。素行は喜怒常に定まることなく、強暴で、酒に溺れる状態であったという。老臣で、幼主の叔婿である横田内膳村詮（宗治）は、しばしば忠一を諫《いさ》めていた。一五歳になっていたが、忠一は、諫《いさ》められたことに対して不快に思い、逆に怒った。一一月のある日、近臣と共謀の上、奥方の祝宴後に別室に呼びこみ暗殺してしまった。忠一自らが内膳を斬りつけた。斬られた内膳は、その場から走り出たが、近臣の近藤吉右衛門が馳《は》せつけ内膳を打ちとどめた。内膳が連れていた小童は、主《あるじ》の刀を抜いて忠一に斬りかかったが、天野が押し隔てたところを安井清次郎と道家長右衛門が、これを斬り倒した。内膳の子主馬助は、父の居城であった飯山《いいのやま》に立て籠もった。忠一は、あまりの事態の大きさを知り、富田城の吉晴に援助を求め、飯山城を攻めた。主馬助は、敗れて自刃し、他の一族は他国へ落ちて行った。

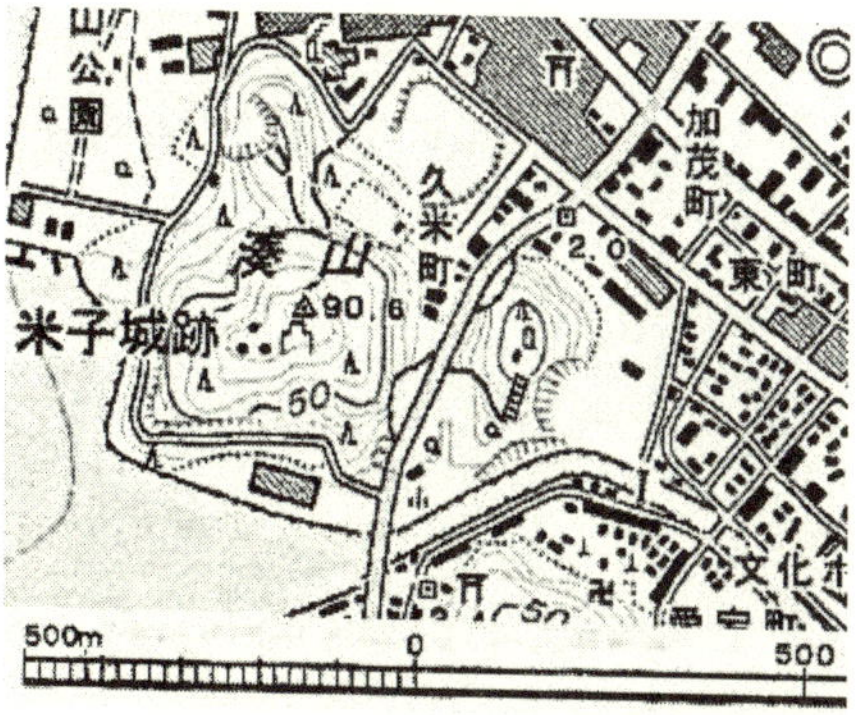

米子城
（国土地理院1/2 5,000地形図 米子から）

この騒動は、隣国の出雲にも伝わり、当然大きな騒ぎとなった。一氏は、慶長五年に病没したが、援助を求められた吉晴は、その子忠一に対して知らぬ顔はできなかった。そこで、忠氏は出雲・隠岐の軍勢をだして忠一を援助した。

この話は、江戸にも達し将軍秀忠《ひでただ》にも聞こえた。秀忠は、気分を害し、忠一の寵臣である安井・近藤・天野・道家を召され、事の仔細を尋《たず》ねられた。安井・天野・道家の三人は責任を取らされ誅に伏した、近藤は助命された。忠一は未だ成年に達していないということで、罪を許された。しかし、翌九年に江戸参勤に出向いた時、国内騒動の責任で江戸に入れず、品川宿で籠居《ろうきょ》させられた。やがて、登城を許され将軍に拝謁し、秀忠より家号・諱《いみな》の一字を賜り、松平伯耆守忠一と改め、同一一年従五位下に叙せられたが、同一四年五月に病没した。嗣子なく除封された。

＊1　先述のとおり、吉川広家が、天正一六年（一五八八）に築城をはじめたが、完成しなかった。中村忠一の時代に、増築するなどして完成した。南東には、雄大な伯耆大山を望み、搦手には中海を見下ろし、その先には、島根半島を一望できる。標高約九〇mの湊山と並んだ飯山に築かれた平山城である。元和元年（一六一五）の一国一城令で、本城を鳥取城とされたので、取り壊されるはずであったが、例外として、明治維新まで存続した。

六　堀尾家の相次ぐ不幸

慶長九年（一六〇四）には、相次いで堀尾家に不幸が訪れる。『堀尾古記』*1の同年の条に、

一、三月廿七日、生駒紀伊守相果ル
一、忠氏様、八月四日ニ御遠行
一、おかう様九月廿三日御果

とみえる。生駒紀伊守とは生駒孫兵衛のことで、その妻は吉晴の妹に当たる。

『千鳥城取立古説』には、次のような話がある。

忠氏は城地選定のため、島根郡や意宇郡を踏査していた。慶長九年七月下旬のある日の視察を終え、意宇郡の大庭大宮（神魂《かもす》神社）に参拝した。その時、神主を呼び出し、「当社には小成池《こなりいけ》があると聞いた。見物したい。」と伝えたが、神主は、「ここは禁足地なので、ご遠慮ください。」と断った。しかし、忠氏は国主として見なければならないと主張したので、神主はこれに従った。案内人と神主と三人で池の近くまで行き、それから先は一人で行った。しばらくして忠氏が池から帰ってくると、顔色が紫に見えた。

富田城に帰った忠氏は、「行ってはならぬ所は行かぬものだ」と反省したが、程なく病床に伏して世を去った。

徳川家康の斡旋《あっせん》で、子秀忠の近臣石川忠総《いしかわただふさ》（後、近江《おうみ》国膳所《ぜぜ》城主）は、慶長六年九月に祝言《しゅうげん》をあげた。この相手が「おかう様」で、忠氏の妹、於古屋のことと考えられている。そうであれば、結婚後わずか三年で世を去ったことになる。

思いもよらぬ忠氏の死去によって、三之介《さんのすけ》（後の忠晴《ただはる》）が跡を継いだ。わずか六歳であった。吉晴が後見し、実際の政治にあたることになった。

『千鳥城取立古説』に「堀尾河内の謀反」として次のような話がある。

重臣で忠氏の姉勝山《かつやま》を妻とする堀尾河内《かわち》は、松江城築城工事の間、藩主三之介を富田城で預かっていた。河内は、自分の息子勘解由《かげゆ》に跡を継がせるよう勝山と相談し、勝山を御普請見回りと称して松江へ遣わし、吉晴夫妻に申し入れたが、受け入れられなかった。そのため、河内は三之介を殺害することを企んだ。三之介が病気だと

親子観音（富田城内）

偽って、三之介に仕える侍にも会わせず、奥に押し込めてしまった。このことを心配していた三之介付きの局《つぼね》らは、奥で女中らが話している河内の企みを聞きつけ、三之介を助け出したという。その頃、扶持を頂戴していた細工人一〇人ばかりは富田に残っていた。この者どもが聞きつけ、ひそかに警護役の侍たちと連絡を取り、局方へも伝えてきた。自分たちの女房を局方へ遣わし、夜まぎれに三之介を盗みだし部屋の塀を超えて連れ出す方法だ。大風・大雨の晩に細工人の女房たちが急いで三之介を盗み取った。騒動《そうどう》を引き起こした河内は、堀尾家から排斥されたが、吉晴の孫になる娘の菊姫《きくひめ》は三代河《かわ》本長兵衛《もとちょうべえ》の妻となっていて咎《とが》めがなかったようだ。河本家は、尼子氏の家臣を祖とし、尼子滅亡後、琴浦《ことうら》（鳥取県琴浦町）に移っている。一方、『堀尾古記』によると、勘解由は慶長一三年に京都で没した。お家騒動から亡くなるまでの経緯等については伝えていないが、騒動の責めを受ける形で亡くなり、春光院に埋葬されたのではないかと思われている。「春光院三時回向《えこう》」に、「桂岩院殿祥雲世端大居士」（勘解由の戒名）がみえる。富田城内に親子《しんし》観音と呼ばれる勘解由の供養塔に刻まれた戒名と同じである。この親子観音は、来待石《きまちいし》（凝灰質砂岩《ぎょうかいしつさがん》）製の大型石龕《せきがん》の中に宝篋印塔《ほうきょういんとう》を納めたものである。

＊1　堀尾氏の松江入国から堀尾家断絶後までを簡潔に著した記録。一族の堀尾但馬の手になり、正保元年（一六四四）に書き終わったと考えられている。

コラム　松江亀田山千鳥城取立（之）古説

　これまでに部分的ではあるが、三説話を『松江城亀田山千鳥城取立（之）古説』からかいつまんで引用してきた。集録された内容は一八世紀初頭頃に書かれたと思われる。筆者は不明である。原本は既に失われており、寛政三年（一七九一）の内田憲元と天保一三年（一八四二）の山岡景慕による二種類の写本が伝えられている。一七世紀に遡《さかのぼ》る話で伝聞の集積である点、信憑性《しんぴょうせい》に問題があるが、捨てきれない。築城前後の臨場感あふれる生き生きした話が魅力的である。

　以下、何かとよく取り上げられる内容・町の様子が分かる内容を部分的に略述しよう。

千鳥城の着工　忠氏の忌《いみ》があけると、家老衆に「忠氏に取りおくれ、力を失ってしまった。しか

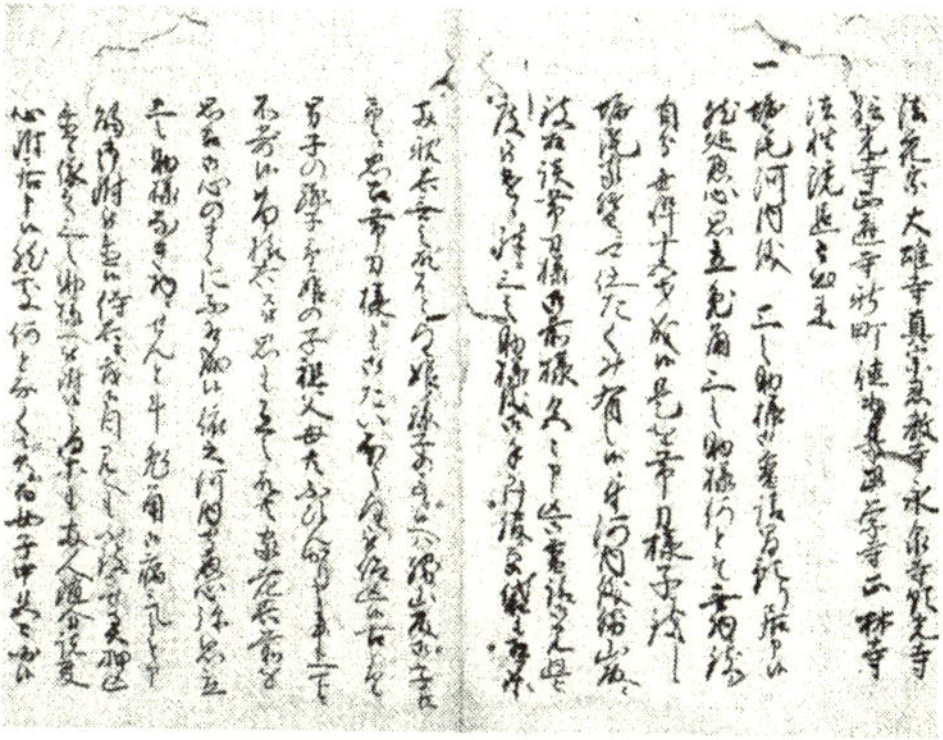

『松江亀田山千鳥城取立之古説』
（堀尾河内謀反　松江市蔵）

し、幕府から許可を得た築城の大望を打ち捨ててはならぬ、早々に実行するので用意せよ。城地については我が望みと異なり、忠氏の望みにまかせて亀田山を取り立てる」と大方針を示した。

町割りから始めよとの命令で、末次町から着工された。文禄二年（慶長一二年の誤りか）に御普請にかかり、家中《かちゅう》の屋敷割も始まって早々に受け取り、小屋掛けして引っ越す者もおり、屋敷の普請をする家もあった。

富田からの道は売豆紀《めつき》坂（松江市雑賀町）から山の手を通り、今の洞光《とうこう》寺前から白潟の舟渡り、寺町を通って下和田見《しもわだみ》から松江漁師町への舟渡りであった。舟渡りでは不便なので、大橋を架け白潟渡しには土橋が架けられた。

町屋敷一番は兵庫屋へ下された。吉晴がたびたび見立てに出るとき御供をして何かとお世話したので、所望にまかせて下げ渡すという御意によるものだ。

築城のこと　吉晴夫人はたいほう様と呼ばれて、ことのほか賢明な方であった。

築城に差し障りのないよう、家老中と相談され、もち米を取り寄せて餅をつき、大仮屋掛けて女中たちに餅を売らせた。この餅はもち米代入用だけで、町方で売る餅より少し大きかったのでよく売れた。

石垣の石は、矢田山・嫁が島・荒和井そのほか方々より舟で運んだ、大勢の石取り人夫が必要なのに集まらない。そこで、たいほう様は、家中の女子を雇い、焼きおにぎりを作り、石取り人夫が石を一個運び込む度に握り飯を一つずつ取らせた。人夫どもはこれを聞き「御前様が焼き飯くださる」と我勝ちに石運びに加わり、一度だけ運んでやめていた者が二度三度ずつ持ち込むようになり、ことのほか石を取り寄せるに手廻しがよくなった。

Ⅱ　堀尾氏の統治（藩政）

一　検地の開始

堀尾忠氏《ほりおただうじ》の内政は検地《けんち》に始まる。残された検地帳をみると、慶長七年（一六〇二）から寛永九年（一六三二）まで引き続き各地で部分的に実施されていたことが分かる。隠岐では、島後《どうご》（隠岐郡隠岐の島町）で慶長一二年、島前《どうぜん》（同郡海士《あま》町・西ノ島《にしのしま》町・知夫《ちぶ》村）では、同一八年に行った形跡がある。慶長六年には家臣への知行割りや寺社への寄進が行われていた。また、新城築城に要する莫大な経費の捻出も念頭にあったのであろう。

太閤検地を継承し、全国的な基準に改めた。具体的には、田畠面積の単位は、町・反・畝・歩を用い、三〇歩を一畝、一〇畝を一反、一〇反を一町としている。毛利《もうり》氏の時代には一反が三六〇歩であったのを三〇〇歩に改め、

検地の様子（文献13より転載）
幕臣が明治になってから著した『徳川幕府縣治要略』掲載のものである

一歩を方六尺五寸（約一九六㎝）から方六尺三寸（約一九一㎝）に改めたのである。実際の検地帳には、郷・村などの地名や田畠などの区別、田畠の等級・面積・収穫高・耕作人などが記入されている。耕地の等級を、出雲では上・中・中の中・中の下・下の五段階、隠岐では上々・上・中・下・下々・荒田の六段階とし、石盛《こくもり》をつけ、一筆ごとに記載している。土地台帳となる検地帳を作成するということは、年貢負担者と年貢の基準を明らかにすることであり、所領把握の基本であった。「意宇《おう》郡大草《おおくさ》村（松江市大草町）御《お》検地田畠之帳《けんちたはたのちょう》」をみると、検地役人の麻岡猪《あさおかい》兵衛《へえ》、青木左兵衛《あおきさへえ》、土《ど》

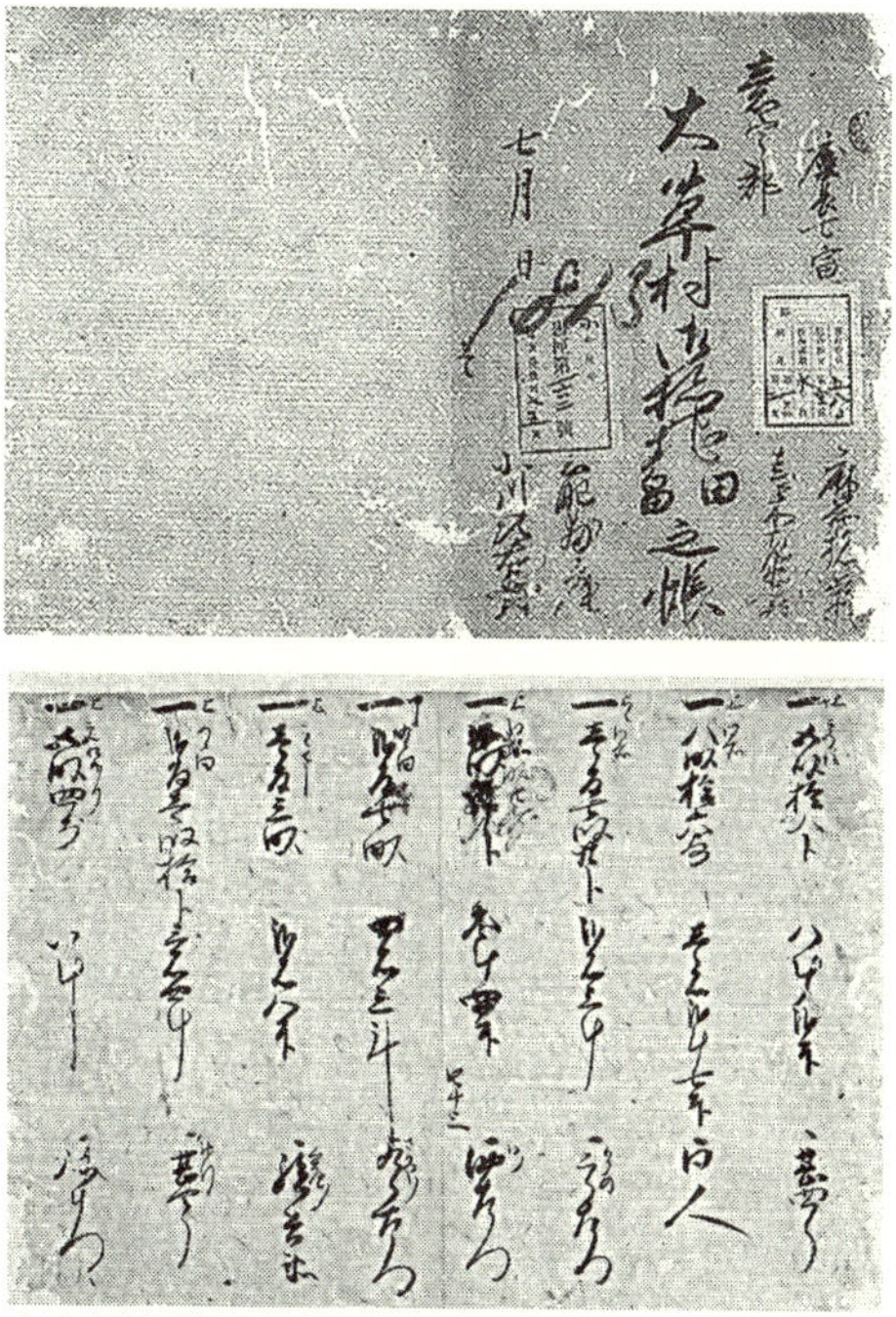

意宇郡大草村御検地田畠之帳（広島大学図書館蔵）
土肥甫庵の名前が見える（上の左から二人目）

肥甫庵《いほあん》、小川次衛門尉《おがわじえもんのじょう》の四人が巻末に連署し、重臣落合蔵人《おちあいくろうど》へ、この帳面を差し出している。土肥甫庵は、後述する小瀬《おせ》甫庵のことである。城下の田町《たまち》と菅田《すがた》の検地帳である「島根郡内末次郷《しまねぐんないすえつぐごう》検地帳」元和二年（一六一六）をみると、百姓の持ち家には、三〜五畝の土地分の年貢が一律に掛けられていたようである。

検地は、二代藩主堀尾忠晴《ただはる》の亡くなる前年まで続けられた。『出雲国杵築《きづき》大社神領《しんりょう》古今覚《ここんおぼえ》』によると、堀尾氏は検地の後に出雲大社へ社領を寄進している。天正一九年（一五九一）の項に、「……慶長五年（一六〇〇）、堀尾吉晴殿が出雲国に入り翌年検地が行われた。その石高は二一三〇石で、毛利氏の時と同じであった。しかし、検地で明らかになった新田開発などによる増収分は没収されました」という主旨の書き込みがある。実質の社領は減少したのである。また、『出雲大社文書』には、堀尾検地について、「慶長七寅年検地あり、毛利殿の時迄は田壱反三百六拾歩を堀尾殿三百歩に成され候。時に大分打出御取上ケ」としており、厳しさの一端をうかがわせている。なお、『北島国造家《きたじまこくそうけ》文書』によると、同九年に大社領二四六九石七斗五升が安堵《あんど》されている。

改めて述べるまでもなく、検地は領主が所領を把握するために行った土地の基本調査であり、作成された検地帳は年貢や諸役《しょえき》賦課《ふか》の基本台帳として重要であった。

隠岐に現存する検地帳の中で、一番古いものは慶長四年のものと言われている。これは、吉川《きっかわ》氏支配下で行われたものである。堀尾氏によるものとしては、前述のように、島後で慶長一二年、島前で同一八年に検地が行われ、これが貢租負担の基礎となっているようである。

隠岐全域の検地を終えたばかりの元和三年（一六一七）、堀尾氏の領国体制を揺るがせる百姓目安事件が隠岐国で起こった。『堀尾古記』や島前《どうぜん》の旧家に伝わった『国代考証』に記されている。初めは穏地《おち》郡惣百姓の要求であったという。それが島後《どうご》・島前の両惣百姓から代官竹林弥惣左衛門の身柄引き渡し要求となった。領主の収奪強化、代官の不正に対して農民が立ち上がっ

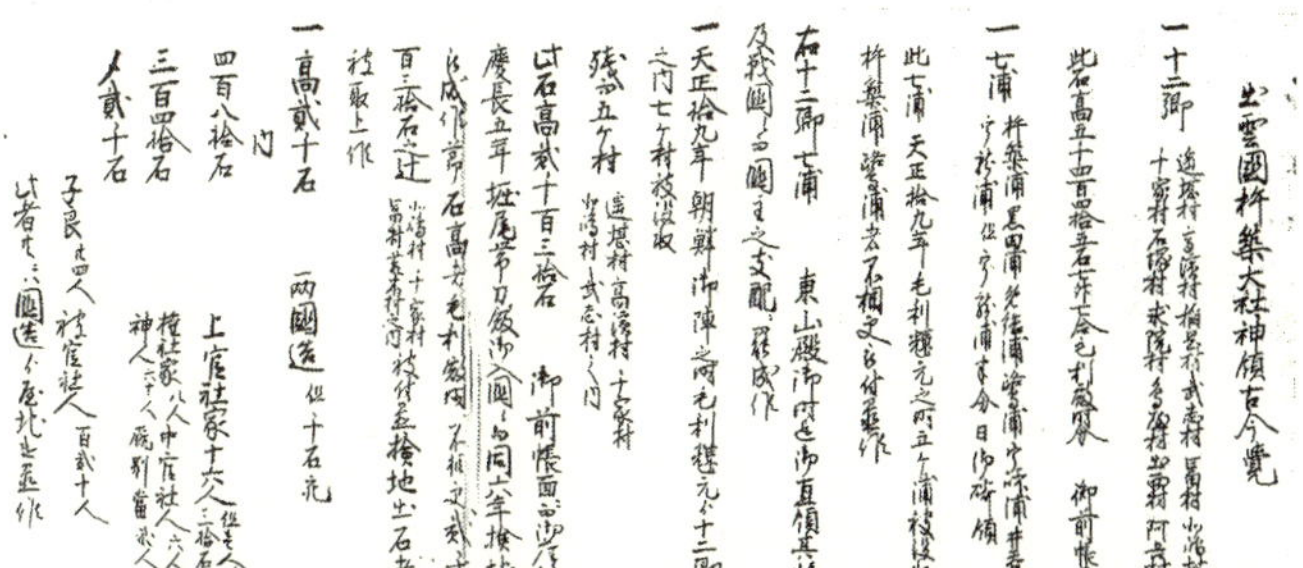
出雲國杵築大社神領古今覚
一十二郷
一七浦
右十二郷七浦　東山殿御時ゟ御直領其後
一天正拾九年朝鮮御陣之時毛利輝元ゟ十二郷
之内七ケ村被没収
慶長五年堀尾帯刀殿御入國ゟ同六年検地
一高貳千石
四百八拾石
三百四拾石
〆貳千石

出雲国杵築大社神領古今覚（千家尊祐氏蔵）

たとみられている。堀尾民部・采女他の藩重臣を巻き添えにし、江戸の大老・老中の前で六回対決するまでになった。その結果、弥惣左衛門は自決を命ぜられ、代官の手先になった穏地郡の小百姓二人は、後日の証人とするため、死罪は免ぜられ両耳を切り落とされた。寛永三年（一六二六）、やっと事件は落着した。穏地郡百姓は、この年の年貢金額の免除、周吉《すき》郡百姓は半額の免除を勝ち取った。

二 寺社の所領没収や安堵・寄進

堀尾検地に関して、出雲大社の例を紹介したように、国内の各社寺管理に乗り出した。その一部を紹介しよう。

比布智《ひふち》神社（出雲市）は、『出雲国風土記《いずものくにふどき》』*1に比布知社、『延喜式《えんぎしき》』*2には比布智神社として登場する古代から崇敬されてきた神社であった。毛利氏の時代には、杵築大社（出雲市）・大庭大宮（松江市）に準じて尊崇され、江戸時代には、堀尾氏・松平氏代々の崇敬が厚かった。しかし、比布智神社では「堀尾吉晴公が、社領を没収したため、二五人いた社人が少なくなって祭事を省略することが多くなった」との記録がある。堀尾氏は、藩内の社寺が所有していた田地を整理し、取り上げた。

内《うち》神社（松江市大垣町）も古くから尊崇を集め、『出雲国風土記』に宇智社、『延喜式』には内神社として登場する。毛利氏以下の崇敬厚く、一般に牛の守護神・武勇の神・安産の神とされる。堀尾父子の入国頃、一旦は内神社の所領を没収している。毛利氏と同様に、堀尾家は内神社を祈願所とした。忠晴が、改易された広島藩主福島正則《ふくしままさのり》の居城を受け取りに広島へ出陣した。その直前元和五年（一六一九）に、母親の長松院《ちょうしょういん》は、忠晴の身を案じ無事を祈るため、内神社へ社領を寄進した。

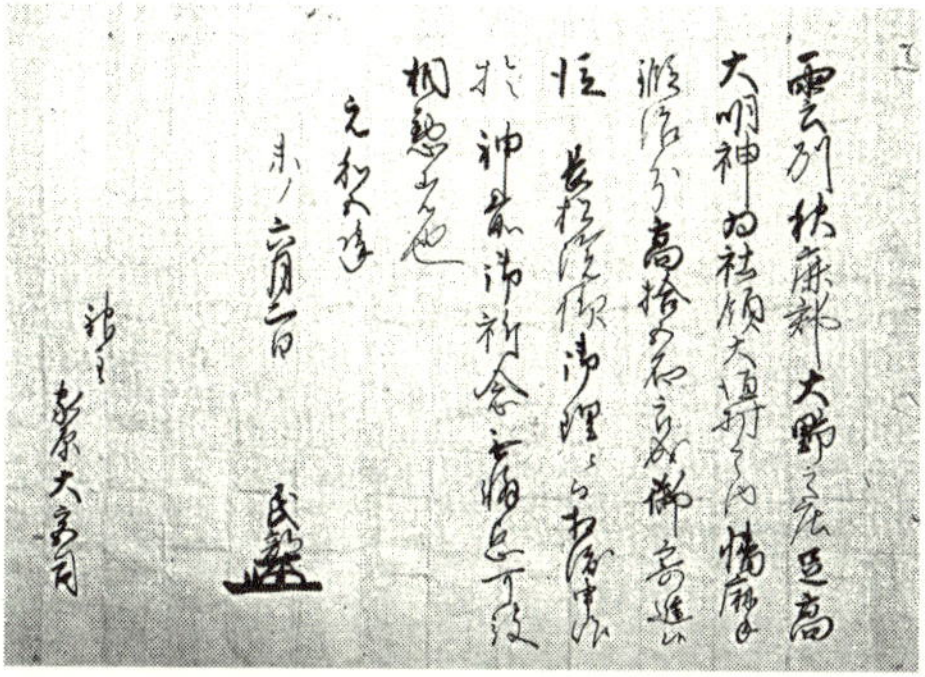

内神社への寄進状（松江市・内神社蔵）

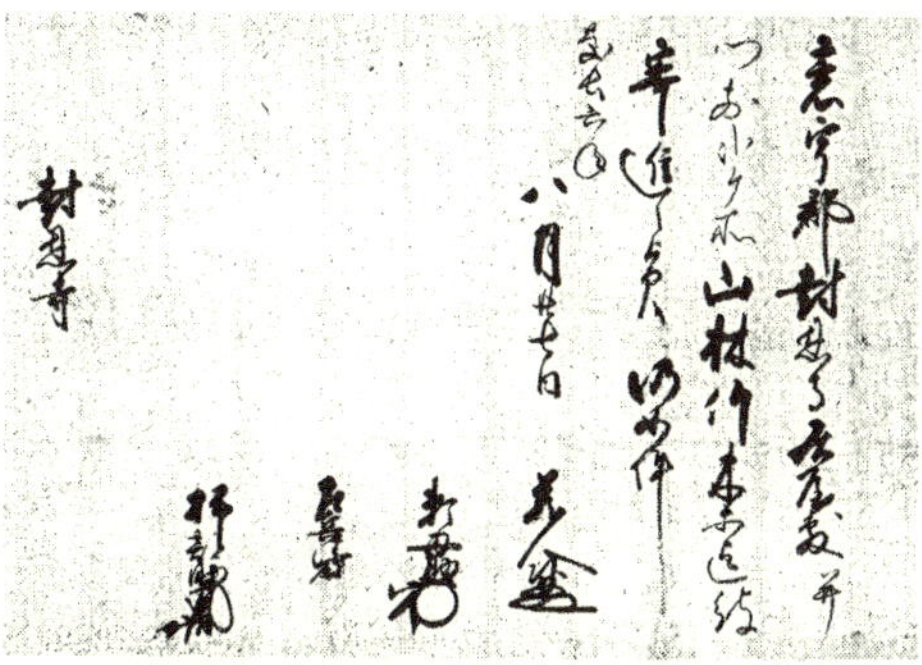

報恩寺への寄進状（松江市・報恩寺蔵）

報恩寺《ほうおんじ》（松江市玉湯町）は、山号を養龍山《ようりゅうざん》とし、弘法大師《こうぼうだいし》開基との伝承をもつ。本尊の木造十一面観世音立像《かんぜおんりゅうぞう》は、欅《けやき》などの寄木造《よせぎづく》りで、高さ四・二六ｍあり、島根県内で最も背が高い仏像である。天文七年（一五三八）運慶《うんけい》の子孫康運《こううん》によって造られたことが、墨書銘《ぼくしょめい》から判明した。松江城の裏鬼門にあたり、祈願所として崇敬されてきた。残された寄進状をみると、慶長六年（一六〇一）八月二七日付けの寄進状には、堀尾氏の重臣四名の連署がある。多くの寺社への寄進は四月二六日に行われたが、報恩寺に対しては若干遅れている。

所領没収の反面、安堵・寄進により寺社を懐柔しているかのようだ。相手が信仰の対象であり、自らも崇敬しているところにその苦渋のあとがみえる。

＊1　国毎に編纂された風土記の一書。完全なかたちで伝わる唯一の風土記。天平五年（七三三）二月三日の成立。出雲の古代史を語るには欠かせない書物。

＊2　律令の施行細則を集成した法典。醍醐天皇の命で、延喜五年（九〇五）に編纂が始まったが、延長五年（九二七）に完成した。第一巻の神名帳《じんみょうちょう》に五畿七道の神社三、一三二座を国郡別に登録している。これに登録された神社を式内社という。

三　出雲（杵築）大社の遷宮

慶長一〇年二月に、大社造営の沙汰があり、一一月二五日付で、大久保長安《おおくぼながやす》*1の大社造営の下知状《げちじょう》が届いている。

大坂城討滅の意をかためた家康《いえやす》が、豊臣《とよとみ》の財力を削ぐ目的で、豊臣の家運挽回や亡族の供養にかこつけて、神社・仏閣の修造を豊臣秀頼《ひでより》に勧告したものと解釈されている。造営は、秀頼が再興願主となり、造営費用を奉納して行われた。吉晴が奉行となって、実務を担当することになった。蛇足ながら、世に歌舞伎《かぶき》の始祖《しそ》といわれる出雲の阿国《おくに》が、都での念仏踊りで人気者になったのはこの頃である。家康や結城秀康《ゆうきひでやす》（家康

出雲大社本殿

銅製鰐口（出雲市・出雲大社蔵）

阿国歌舞伎図
（重要文化財・部分）
（京都国立博物館蔵）

の二男、後の松江藩主松平直政《まつだいらなおまさ》の父）の前でも踊っている。当時の出雲大社は、仏教を取り入れた両部習合神道《りょうぶしゅうごうしんとう》[*2]であった。阿国は初め出雲大社の巫女《みこ》で、踊りによって造営費用捻出の勧進興行に努めていたのである。

慶長一三〜一四年に出雲大社の遷宮《せんぐう》が行われた。同一四年三月銘の棟札《むなふだ》が残され、これに「豊臣秀頼は、堀尾吉晴と片桐且元《かたぎりかつもと》[*3]に杵築《きずき》（出雲）大社遷宮の奉行を命じた」旨記されている。当主は、一〇歳の三之介であったので、吉晴が実務を担った。また、同年七月銘の銅製鰐口《どうせいわにぐち》も残されている。鰐口は、社寺の堂前に吊るし、緒をとって参拝者が叩き鳴らす。この鰐口には、「出雲

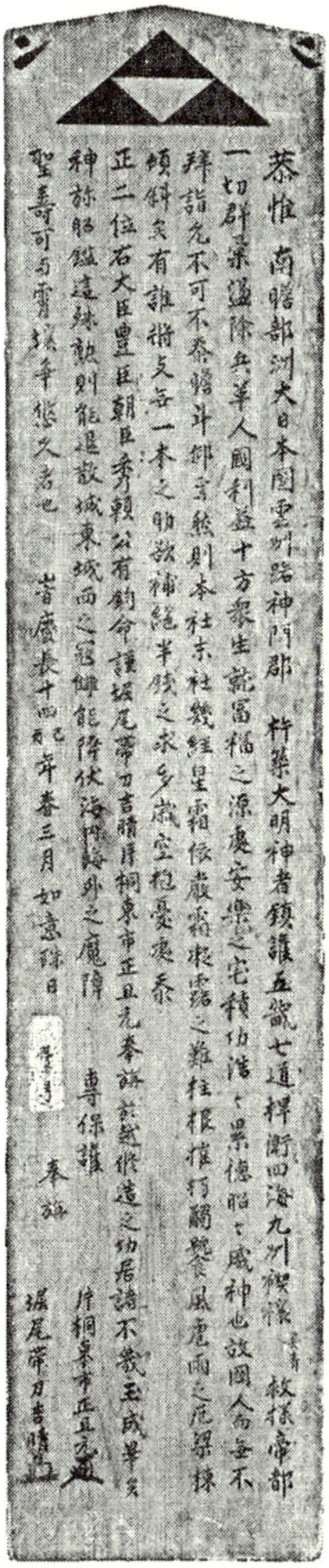

棟札（出雲市・出雲大社蔵）

大社　正二位右大臣豊臣朝臣秀頼公辰御再興也御奉行堀尾帯刀佐吉晴慶長一四年七月吉日」の銘がある。

　慶長一三～一四年と言えば、松江城築城の最中で、最も忙しい時期であったと思われる。大名とは、内政のみに係わっているわけにいかない。幕府の思惑を感知しながら、適切な行動をとる必要があった。

＊1　慶長六年石見銀山奉行、後、金山奉行や美濃・大和の国奉行も連任。

＊2　尼子経久の時代から仏教が取り入れられた。

＊3　賤ヶ岳《しずがたけ》七本槍の一人。秀吉の死後、秀頼の後見役となる。家康の信任も厚かった。大坂の陣の後、加増され、山城・大和・河内・和泉で四万石を拝領した。

四　鉄穴流しの停止

古来、中国山地ではたたら製鉄が盛んに行われてきた。製鉄の原料となる砂鉄《さてつ》は、花崗岩《かこうがん》に含まれていて、それを取るための作業の一つが鉄穴流《かんなながし》しであった。風化した花崗岩質の丘陵を崩して得た土砂を水路に流すと、比重の大きい砂鉄が下に沈む。水と土砂を下流部に流して、滞った砂鉄を採取するというのが基本的な作業である。土砂中の砂鉄すべてを採取できるわけではないので、下流部にも砂鉄が流れ、そこでまた砂鉄を採取することになる。出雲奥部の鉄穴場《ば》では、一tの砂鉄を採るのに、二〇〇tの土砂が流されたという。砂

砂鉄採取の風景（日本山海名産図会）

鉄に比べると、土砂の比重は小さいので、流される土砂の量は、砂鉄の二〇〇倍どころではなかった。大量の土砂が崩されたため、丘陵がそっくり無くなった所が方々にある。当然、下流部の川に大量の砂が流され、溜まったり、氾濫の元となったりする。一例をあげると、出雲奥部から流れ出る斐伊川《ひいかわ》が、出雲平野を形成するとともに、川の底に砂を溜めた。現在では周囲の平野より川底の方が高い天井川《てんじょうかわ》となっている。斐伊川は、西の日本海に直接流れ出ていたが、中世に流れを東へ変えて宍道湖に流れている。宍道湖や中海には、他にも鉄穴流しの影響を受けた大中小の河川が流入していて、河口部にそれぞれ平野ができている。今でも砂浜に黒い砂鉄の層が見え、磁石を持って行けば砂鉄を採ることができる。

『鉄山旧記』（奥出雲町・絲原記念館蔵）によると、慶長一五年に奥出雲で行われていた鉄穴流しが禁止さ

切羽《きりば》で砂鉄を含む母岩を鍬で崩している風景
（日立金属安来製作所鳥上木炭銑工場蔵）

れた。鉄穴流しで土砂を川に流し続ければ、下流の宍道湖に砂が溜り松江城の防備に差し障りがあると、堀尾氏が考えたためであった。古来より続けられてきた鉄穴流しが禁止されれば、仁多《にた》郡・飯石《いいし》郡の山では働くことができないので、再開を何度も願い出たけれど許されなかった。たたら製鉄で生計を営んでいた者にとっては、切実な思いであった。

これが許されるようになるのは、堀尾氏断絶後に京極忠高《きょうごくただたか》が入部してからのことであった。忠高は、斐伊《ひい》川の支流七・八本を一本の大川にする土手修築工事を行った。在任中には完成しなかったが、次の藩主松平直政《まつだいらなおまさ》の時代に完成した。忠高は土木巧者で、その官名から彼の手がけたこの土手は「若狭《わかさ》土手」と呼ばれている。河川の管理等に大きな自信があったと思われる。また、たたら製鉄による利益も考慮していたと考えられる。

五　農地の確保

菱根新田の開発　慶長一三年（一六〇八）に、重臣堀尾宮内《ほりおくない》から三木与兵衛《よへえ》あての書状に、「逃げた百姓が帰ってこなければ、空いた屋敷に新たな百姓を入れなさい。怠りなく行うように」とある。このあたりは、農業を行う条件に恵まれていなかったことが分かる。三木与兵衛は、神門《かんど》郡小山《おやま》村（出雲市小山町）の豪農の家に生まれ、出雲平野の

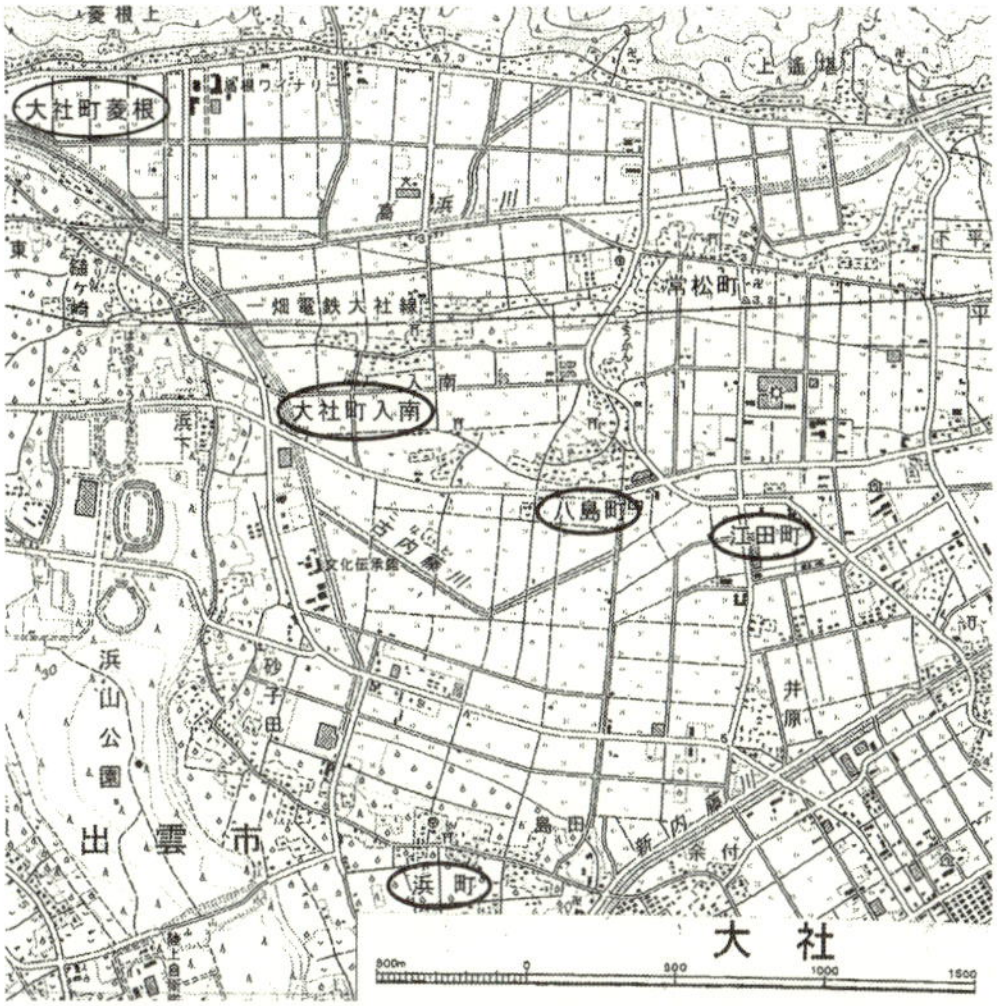

上：菱根新田の広がる範囲　江田・八島・浜町・入南・菱根の各町名が見える（国土地理院1/25000地形図　大社から）
下：見わたす限り菱根新田　南東から

開拓者となった人物である。出雲平野の北側に菱根《ひしね》池という大きな池があり、耕作に大きな影響を及ぼしていた。菱根池は、沼沢地であったと思われる。百姓が逃亡すれば年貢収入が減るので、藩としては対策が必要な重大事であった。同じ年に、宮内から与兵衛あてに新田の開発を知らせた文書もあり、既に、この頃から新田開発が行われていたようである。

三木与兵衛《みきよへえ》が提出した「三木家由緒書《ゆいしょがき》」によると、元和二年（一六一六）に、前田十左衛門《まえだじゅうざえもん》と竹井六左衛門《たけいろくざえもん》が普請奉行となり、池の水を日本海へ流す大工事を行った。これにより、江田《えだ》村・八嶋《やしま》村・濱《はま》村・入南《にゅうなん》村・菱根村ができた。この村名は今でも町名として残る。地図でこの町名を調べてみると、池の大きさと工事の大変さを実感できる。約五一町歩（五一ha）に及ぶ干拓工事であったという。この新田が菱根新田で、与兵衛は開拓の功労者であった。工事は、池の水を抜くところを決めて、鑓ケ崎《やりがさき》（出雲市大社町）より西海（日本海）へ

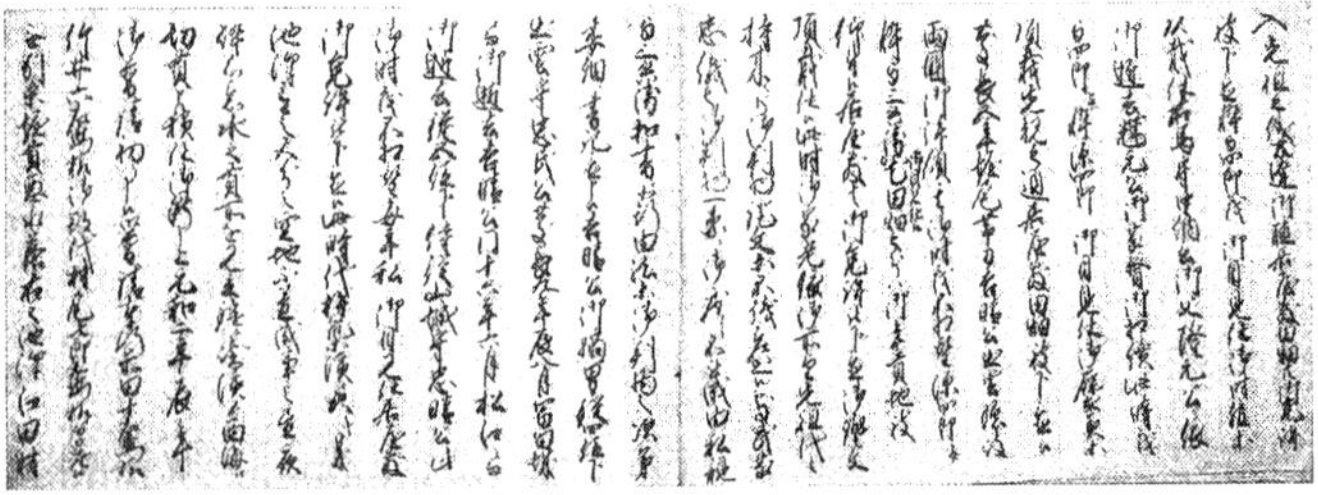

三木家由緒書（三木康夫氏蔵）

水路を掘って行われた。この水路は神光寺川《じんこうじ》（堀川）のことで、上流は高浜川に繋がっている。開発された菱根新田の植え付けについて、重臣村尾越中《むらおえっちゅう》・堀尾但馬《たじま》が連署して次のような触書《ふれがき》を出している。

一、去年植えた田は少しも荒らすことのないように。
一、去年より命じたように、稲を植えた田に稗《ひえ》を植えないように。もし稗を植えたら、追い出し、稲を植える者へ田を作らせる。
一、今年開墾した田の収穫物は、以前のように自由に取りなさい。
一、一、二年荒れたところは、一反につき二斗ずつの年貢とする。
一、新田地の百姓は、一軒あたり二反ずつ開墾するように。
右のように村々へ伝え、間違いのないようにしなさい。

元和九年三月十日

堀尾但馬（黒印）

村尾越中（花押）

三木与兵衛殿

この触書より、元和九年頃には、先の五か村もできて本格的な耕作が始まっていたことが分かる。

古志堤の拡張　意宇郡古志原《こしばら》（松江市古志原町）は、台地であるため水利の便が悪く稲作に不向きであった。

山代神社（古志原町）蔵『郷土史談』*1の古志原年譜によると、元和元年（一六一五）、現大橋川岸から南一・五㎞前後のところにあった古志堤《こしづつみ》を拡張して、古志原へ水を引く計画が立てられた。昭和三七年（一九六二）発行の一万分の一地形図（国土地理院）を見ると、長軸を南西から北東方向にとる、最大長約四五〇m、最大幅約二三〇mを測るざっと六・五haの池がある。これが古志堤である。平面的には、木の幹に枝のような凹凸がある不定形を呈する。「今の堤の中程に古くは、土手あり此時に拡張せしもの」と割書《わりがき》にある。枝状の凹凸部は、拡張した時なんらかの事情でできた部分と思われる。現在は、山陰道の建設で北側約半分が道路用地となって、当時の面影はない。大庭の深田（忌部町の深田ことか）から水津利井出《みずつりいで》（水路）を作って堤まで引く計画であった。「此れを新川の始めとす、旧川の跡を再用し鼻曲《はなまがり》より新川に床を作る」とあり、今の馬橋《まはし》川（少し上流部を鼻曲川という）から分岐した小河川より引いたものと思われる。明暦元年（一六五五）に水路の一部が完成したとある。

また、同書には次のような記事がある。

古志堤は元来区切られた三個の堤にて上中下連続していたものなり。下の堤は元文五年（一七四〇）以後のもので、下の堤が出来てから中下を一区画としたるも現形にいたりしは近年のことなり。

従って元和に中下が出来たが、今よりも小さきこともちろん。元文五年の検地の際に「古志堤一町三反六畝十八歩」とあるをみても掘削せざりし所あるを知るべし。その後に拡張したか、あるいはまた上の堤を合併したものかは不明。

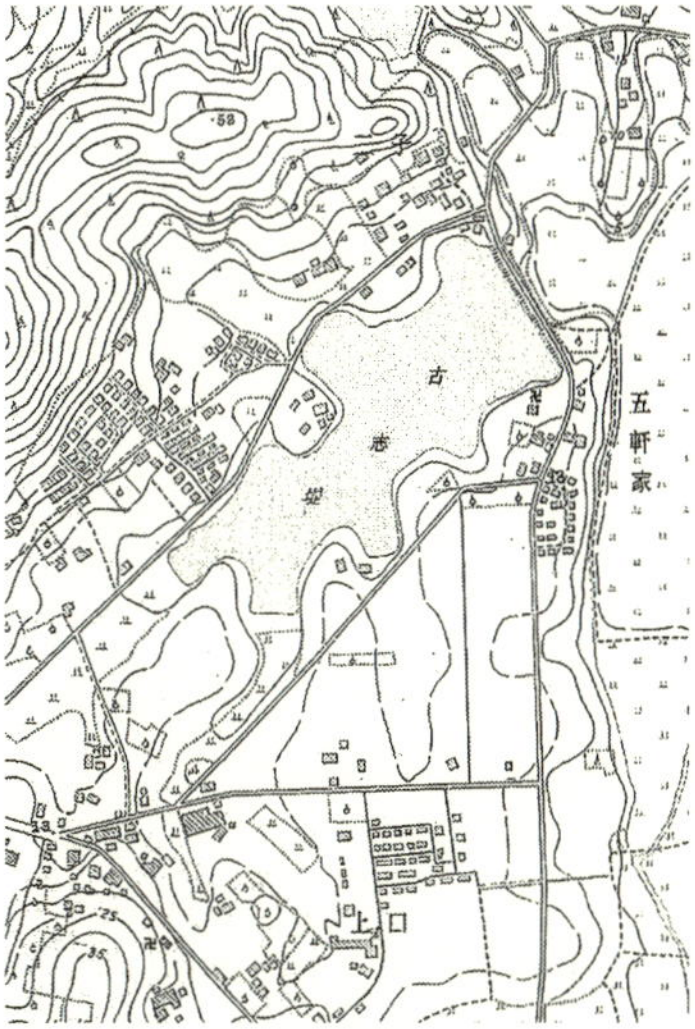

松江東南部
（昭和37年発行1/10000地形図
国土地理院から）

三原浩良氏は、著書『古志原から松江へ』で「元文検地のときに、古志堤のあたりにはまだ開墾せぬ荒地が一町以上あった。…中略…元和のころはもっと小さな池だったというのである。その規模、形状からみて、この「拡張説」には説得力がある。」としている。最初の拡張は、忠晴の時代ということになる。

ずっと後の文化三年（一八〇六）以降になるが、古志原の台地では松江藩営で御《お》種《たね》人参《にんじん》の栽培が行われ、一大生産地となった。この御種人参が松江藩の財政を豊かにした。

＊1　旧古志原村の歴史をまとめたもの。大正四年（一九一五）、山代神社第七代宮司北文氏によるもので、和紙に筆書きの自筆稿本である。

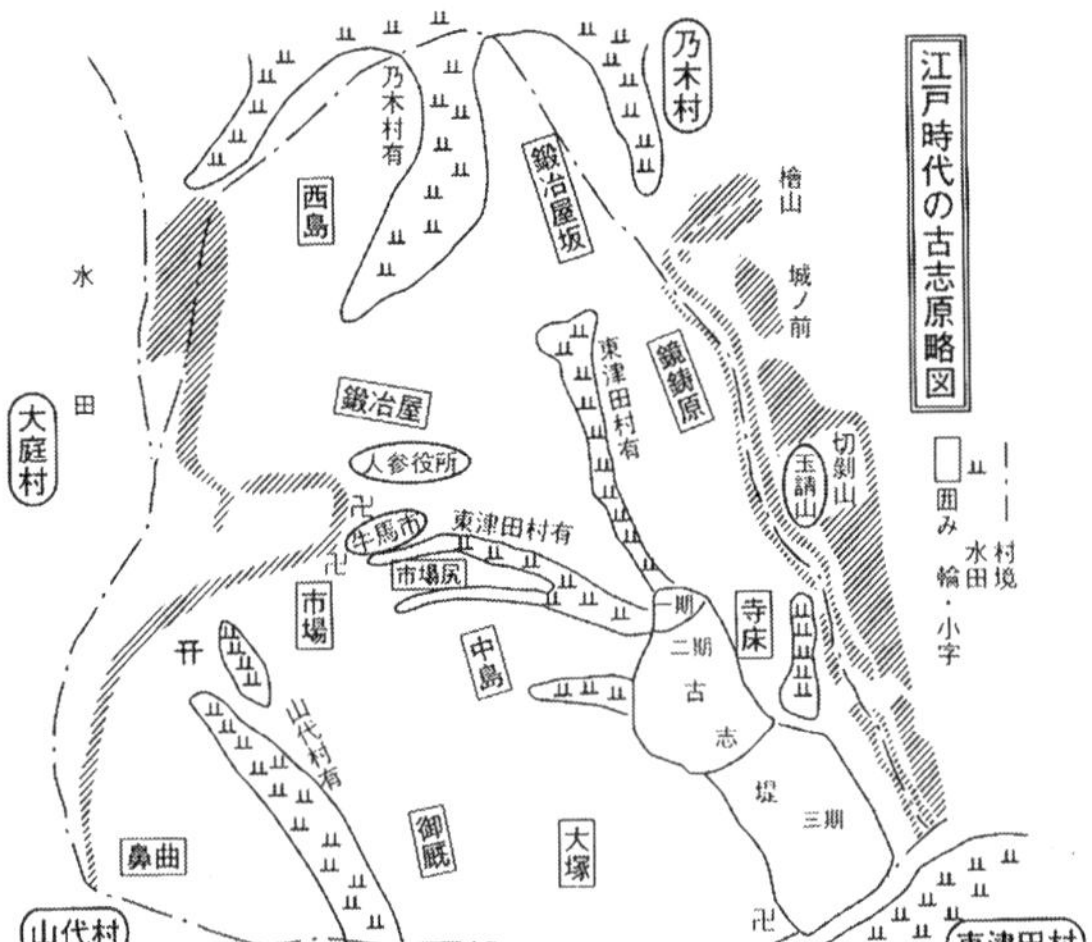

『郷土史談』の原図をもとに作成（文献55より転載）

コラム　たたら製鉄

かつて中国山地で、たたら製鉄が盛んに行われた。製鉄技術は、朝鮮半島を経由して日本列島に伝えられたと考えられている。三世紀半ばにには伝えられた可能性はあるが、確証はない。今のところ、六～七世紀の遺構が最も古いと考えられている。現在は、島根県仁多郡奥出雲町の鳥上木炭銑工場《とりかみもくたんせんこうじょう》で、冬期間のみ操業して美術刀剣用の鉧《けら》（鋼《はがね》の元）が作られている。

たたら製鉄とは、土製の炉《ろ》（釜《かま》）を築き、その中に砂鉄（まれに、細かく砕いた鉄鉱石）と木炭を挿入して一三〇〇度位まで加熱して鉄を作る製鉄のことをさす。できあがった鉄の塊《かたまり》等は、炉を壊して取り出される。古来、製鉄技術と築炉《ちくろ》については、秘伝であった。技術と築炉については、刀剣等の材料となる鉧を主体とするものと鋳物《いもの》用の銑《ずく》鉄を主体とするものの二通りある。

近代製鉄と異なり、石灰石を加えたりしない。釜土中の成分が触媒《しょくばい》剤の働きをするからである。鉄の成長とともに、炉は侵蝕《しんしょく》され、元釜部分（炉の底部）はかなり薄くなる。釜土は、奥出雲の場合、粘土と真砂土を混合した物を使用する。炉内を高温に保つためには、地下から水分を上昇させないことが重要である。水分が炉内に入ると水蒸気爆発を起こす危険性もある。従って、炉の下の地下構造をどのように作るかが重要な課題であった。たたら製鉄の場合、目に見えない部分での工夫が多い。遺跡として残るのは、地下構造のみで、上部構造（炉等）は既に失われている。古代のたたらは、単純な地下構造であったが、時代とともに複雑化してくる。下山遺跡（飯石郡飯南町）の二号炉は一七〜一八世紀初頭のものであるが、少し複雑になっている。弓谷《ゆんだに》鈩《たたら》（同郡同

上：中世のたたら復元想像図（雲南市・堂々ノ内Ⅱ遺跡現地説明会資料より転載）
中：下山遺跡2号炉（飯石郡飯南町）の地下構造
下：山口県・白須たたら『先大津阿川村山砂鉄洗取之図』（部分）
（東京大学工学・情報理工学図書館 工3号館図書室A蔵）

町）は、江戸時代後期の高殿《たかとの》といわれる建物内に置かれた。かなり複雑な地下構造となっている。上部の炉は前ページの白須たたらのようなものが考えられる。

「粉鉄《こがね》七里に炭三里」という言い伝えがあった。粉鉄（砂鉄）は二八㎞、炭は一二㎞以内で調達しなければ、採算が合わないという教えである。炉や操業の方法によって異なるが、鳥上木炭銑工場では一回の操業（約七〇時間）に二〜二・五ｔの鉧（長さ約二・七ｍ、幅約一ｍ、厚さ約二〇㎝）を作るのに砂鉄約六・七ｔ、木炭約一〇・七ｔが必要という。江戸時代後半の話であるが、あるたたら場で、一年に六〇回操業した時、使う木炭は約八一〇ｔであったという。約六〇〇haの山林が必要となる。樹齢約三〇年の木を使うので、山林が元どおりになるまで三〇年かかることになる。一

複雑化した弓谷鈩（飯石郡飯南町）の地下構造

つのたたら場に一八〇〇haの山林が必要であった。だから、植林活動など山の手入れも熱心に行われた。山が荒れる心配はなかった。

コラム　松江の地名起源

これまで、松江の主な地名起源には三説あった。第一は、『懐橘談《かいきつだん》』・『雲陽誌《うんようし》』＊1などによるもので、この地は中国浙江省《せっこうしょう》の「松江府《ずんこうふ》」と同じように湖水に面して風光《ふうこう》明媚《めいび》で、鱸《すずき》や蓴菜《じゅんさい》を産することも似ているところから吉晴が命名したという。第二は、小瀬甫庵が命名（一〇〇ページ）したとする説で、新井白石《あらいはくせき》の『紳書』に「松江の城をば縄張して鱸の名所也とて松江と名付くは甫庵なり」とあることによる。第三は、吉晴が遠江《とおとうみ》から招いた春龍玄斎《しゅんりゅうげんさい》が命名したとする説である。一八世紀半ばに書かれたとされる統計書『雲陽大数録《うんようだいすうろく》』＊2には「松江と名付る事、圓成寺《えんじょう》（松江市栄町）開山春《しゅん》龍《りゅう》和尚の作なり、唐の松江鱸魚と蓴菜とがあるがゆえ名産とす、其の地淞江《ずんこう》に似たれば松江と称すと伝ふ」とある。

島田成矩氏は、「末次と白潟の両地を総称合して松江と称することになったが、その命名者を一人に断定するのはよくない。……略……藩主の諮問《しもん》に答え原案を答申した人が甫庵と春龍であった。決定者は藩主で形式上は三代の忠晴であり、実質は国務を執っていた吉晴ということになる。」（**文献31**）と述べている。

しかし、最近は地名起源に対する考え方が変わってきている。

天文三年（一五三四）、越前福井《えちぜんふくい》の大森正秀という人物が出雲大社参拝の旅に出た。その時の紀行文『出雲紀行』に「はりまの国姫路の府を過し……中略……さつきの二日、出雲の松江の府に至る。此ほとりを錦浦といへるよしの人いひければ、あかねさす日影うつりて江にあらふ　にしきの浦や波の曙」と書いている。正秀は、播磨《はりま》国府が置かれた姫路を「姫路の府」としていることから、「松江の府」も同様に出雲国府あたりを指すものといえよう。もともと、意宇川流域に「松江」の地名があったと考えるのが順当のようだ。末次《すえつぐ》（松江城）から南東方向約八㎞の意宇川河口付近（松江市東出雲町出雲郷《あだかえ》）から国府の置かれたあたり（松江市大草町）が「松江」といわれていたのであろう。

松江城下ができる頃より約七〇年前のことである。新しい城地の選定で述べたように、白潟《しらかた》のあたりは「松江」と呼ばれていた。それが末次などを含めた地名に変化したというのが、現在の大方の考えになっている。

＊1　一八世紀初頭、黒澤長尚が著した出雲の地誌。
＊2　明和四年（一七六七）～天明二年（一七八二）に成立したと思われる。

Ⅲ　城下町と松江城の建設

一　中世の末次と白潟

中世には、既に紹介したように、島根半島南側の内水面（中海〜宍道湖）は日本海に繋がる重要なシーレーンであった。

松江平野（内水面の南北に広がる数㎞四方）の北側には、内水面に出入りできる水域があったことが近世初期に描かれた絵図から分かる。『雲陽大数録《うんようだいすうろく》』によると、城がつくられる前、このあたり一帯を末次郷《すえつぐ》といい、中原《なかばら》・黒田《くろだ》・奥谷《おくだに》・菅田《すがた》・末次の五名《みょう》があった。また、末次郷から瀬戸を挟んで南側は、白砂の地であるため白潟《しらかた》といい、「末次より白潟の渡り、古老が言うには、尼子氏の時斐伊川《ひい》が西へ流れていたため渡り場が浅く瀬戸があった。常に竹橋を架けていて、からから橋という。…」とも記されている。『萩藩閥閲録《はぎはんばつえつろく》』（巻九八綿貫孫三郎八）*1の「毛利元就奉行人連署状写」には、「白潟末次中町、磨師《とぎ》、塗師《ぬ》、鞘師《さや》、銀細工師《ぎんざいく》悉司《つかさ》之事、対其方被仰付候、被得…」とあり、出雲に侵攻した毛利氏が、家臣である河村又三郎《かわむらまたさぶろう》に職人の統括権を与えたことを示している。堀尾氏入部以前に、多種多様な武具職人が白潟、末次、中町に住んでいたことが分かる。『売布《めふ》神社文書』*2の「松浦道念《まつうらどうねん》寄進状」*3に、「両目代《もくだい》、又にし・ひがしおとな中…」とある。白潟には東西二つの町場からなる小さな町が形成され、支配機構につながる「目代」と住民代表の「おとな中」がいて、自治的な組織もあったようだ。現在も、まちの中心となる白潟本町・天神《てんじん》町の東西両側に、一段低い土地の町が開けていて、往時のまちの姿を伝えている。

ボーリング調査などの地質学的な研究により、直接内水面に面した末次・白潟は、砂《さ》洲《す》からなる微高地《びこうち》であることが知られている。白潟は、舌状《ぜつじょう》砂洲の先端付近に形成され、浮島のように出現した港町であったと考えられている。宍道湖と中海を結ぶ水運の要衝であるとともに、意宇郡と島根郡を橋で結ぶ陸路の要衝でもあった。

「北垣光政《きたがきみつまさ》に下された軍忠状《ぐんちゅうじょう》」（『南北朝遺文　中国四国編第二巻』**文献28**）に、「…同十三日於白潟橋上、佐々木三川守、朝山右衛門尉馳向御敵、被致合戦之間、自佐陀城打出、致後攻追拂御敵畢、…」とある。観応元年＝貞和六年（一三五〇）八月一三日に、「白潟橋」上であった戦いの記録である。一四世紀半ば以前には既《すで》に「白潟橋」が掛けられていたことになる。前述の「からから橋」にあたるこの橋は、軍事的にもおさえておくべき重要な拠点であった。

＊1　萩藩五代藩主毛利吉元の命で、家臣や領内の旧家に伝承する系譜や古文書を録上させ、編集した史料集一七〇巻・目録一巻

＊2　現在は松江市和多見町に存在する。『出雲国風土記』の売布社、『延喜式』の売布神社。中世、現在地に遷《うつ》したと伝えられる。祭神が女性なので、「白潟橋姫大明神」、「橋姫大明神」ともいうようになった。「大山寺絵巻」（四三ページ）の右端、白潟橋のたもとに描かれている。

＊3　明応四年（一四九五）正月八日に、松浦道念が白潟橋姫大明神に対して土地を寄進した際の証文

二　城地決定

既に述べたように、関ヶ原の戦いも終わり、新しい時代を迎え、兵農分離後の社会を見通した新しい城や町の必要性に迫られていた。

忠氏《ただうじ》亡き後、三之介《さんのすけ》を後見しながら吉晴《よしはる》は、城つくりを始めることになった。「城地についてはわが望みと異なり、忠氏の望みにまかせて亀田山を取り立てる」という『千鳥城取立古説』の記述が神話のようになって今も語り継がれている。吉晴は、経験豊か

な武将で普請上手と言われていた。元山《もとやま》での親子の意見はまとまらなかったが、内心は忠氏の考えに同意していたのではないかとも思われる。このことはさておいて、新しい城地は、出雲国の中心に近く、城下が広くとれ、軍事防御に適し、水上輸送の便利な地点という諸条件を満たす末次郷の亀田山に決定された。

亀田山は、末次城が築かれた所であった。末次城の具体的なことは不明であるが、一三世紀末にはあったと思われる。永禄一二年（一五六九）、山中鹿介《やまなかしかのすけ》らが尼子《あまこ》再興をはかり尼子勝久《かつひさ》を擁して隠岐から忠山《ちゅうやま》城（松江市美保関町）に上陸し、ついで真山《しんやま》城（松江市法吉町）を拠点として末次城に土塁を築いている。亀田山は、島根半島の脊梁《せきりょう》部から派生する低丘陵の先端に位置した天然の要害《ようがい》である。南側には宍道湖北岸の砂洲上に開けた末次の町が位置し、東方は湿地帯が松江湖（松江湾ともいう）と呼ばれる沼沢地に続き、西方はふけたと呼ばれる湿田地帯があった。また、重要な輸送ルートである内水面に近いという利点があった。

長谷川博史氏は著書『中世水運と松江』で、「外海・内海を介した物流を管理し、商人住居区を限定し、権力的に特定の商人を把握するとともに、「惣構《そうがまえ》」を徹底した武家居住地の要塞化、陸路を軸とした強固な軍事防御体制の構築、大規模な掘削・埋立事業によって、全く新しい町を創りだそうとしたもの」としている。

三　小瀬甫庵という人物

小瀬甫庵《おぜほあん》は、尾張《おわり》国春日井《かすがい》郡（愛知県春日井市）出身で、美濃《みの》土岐《とき》氏の末流という。もともと儒医《じゅい》で、軍学・歴史・易学にも通じていた。著書が多く、特に『太閤記《たいこうき》』・『信《しん》長記《ちょうき》』の著者として有名である。豊臣秀次《とよとみひでつぐ》事件*1後、姓を改めて「土肥《どい》甫庵」を名乗り、京都で医者を務めていたとされる。甫庵が、堀尾吉晴に仕えるようになったのは、慶長三年（一五九八）秀吉の死後で、一五〇〇石、日俸五人扶持《ぶち》が与えられた。また、吉晴が三河《みかわ》国池鯉鮒《ちりゅう》（愛知県知立市）で刃傷事件に遭遇《そうぐう》した際に、駆けつけ治療した功績により、五〇〇石加増されている。

出雲入国後の甫庵は、「小瀬家譜」・「先祖由緒并一類附帳」によると、一、出雲と隠岐の郡代になる、二、松江城の縄張《なわばり》を行う、三、新城下を「松江」と命名するの三点が有名である。福井将介氏の研究「二人の甫庵」（文献71所収）によると、二、三については同時代の史料にはみられなかったという。また、松江城築城に関する逸話については、金沢市の小瀬家関連史料及び甫庵子孫の復庵の語った内容を記した新井白石の「白石紳書」など、後世の史料からしか確認できなかったという。

島根県仁多《にた》郡内の各寺社に残された「岩屋寺寺暦書届」（「岩屋寺旧蔵文書」）や「土肥如鷹・落合貞親連署寄進状」「甫庵打渡状」（「覚融寺文書」）他に土肥甫庵の名が見える。彼は、重要文書の収受・発給を行う立場で、仁多郡の郡奉行であったことは確実のようである。

松江城築城に関することについては、「小瀬家譜」の記述内容から一般に次のように紹介されている。

時ニ吉晴引テ二富田城ヲ一而築ク二新城ヲ一、以テ二道喜ヲ一為ス二其ノ謀士ト一。故ニ使シレ指二畫ス城楼溝塁、要害之地暨《チキ》、城下四達之街衢《ガイク》等一ヲ。以テ二縄子一制二作スルコト之一ヲ、都テ委二任ス甫庵一ニ。且ッ依テレ命ニ以テレ本藩地一ヲ、設ク二名ヲ松江一ト（鮒魚此地住産味勝二干他一、故以二松江之名一）

（文献31より転載）

「小瀬家譜」の一部であるが、要約すると次のとおりである。

富田城を廃城にして、松江に城を築こうとした時、道喜（甫庵）を吉晴の参謀とした。

城楼溝塁《じょうろうこうるい》とは、城郭全体の事で、具体的には内堀内の本丸・二の丸・三の丸・出丸他の曲輪と天守・櫓《やぐら》・多門《たもん》・塀・土居・石垣・堀などの位置や規模などを決定することである。要害之地暨《ちき》とは、内堀と外堀、城下周辺を含めた広い範囲の軍事的にみた配置と地取りのことで、堀や橋・関所・物見・鉄砲隊の配置である。城下四達之街衢《がいく》は、城下町造りのことであって、道・橋・町などの配置・地取りである。見通しのきかない屈曲した道（鉤《かぎ》形・丁字形等）とか、侍町・商家・社寺などを計画的に配置することである。こうして、城郭と城下の配置は、博学な甫庵にすべてを任せた。甫庵のもとには役人や縄子《なわこ》が置かれ、縄張が実施された。

なお、「設ク名ヲ松江ト」の次に、「鮓魚此地住産味勝干他、故以松江之名」と割書きが入れられている。松江の地名については、コラム欄で述べた。

＊1　天正一八年（一五九〇）、秀次は関白職を譲られたが、文禄二年（一五九三）、秀吉と不和になり謀反を疑われて、高野山に追放され切腹したと解釈されている。甫庵は秀次に仕えていた。

四　城下町と松江城の建設

宍道湖の北の末次城跡に新城を築き、新城を中心に城下町を建設することになった。主な工程は、「城下と城郭の建設の略年表」**（文献31）**によると、次のとおりである。

慶長十二年（一六〇七）
城下　縄張・幹線道路・土橋・舟渡し場町割・侍屋敷大部分・仮屋・町屋
城郭　縄張・社寺移転・假殿・本丸と二ノ丸の地均し
慶長十三年
城下　木橋（大橋）に改架、侍屋敷・町家・茶屋
城郭　本丸の石垣工事・天守閣の土台石垣・内濠工事に着手
慶長十四年
城下　内濠工事に伴う道・橋
城郭　天守閣の建造・二ノ丸坂口・大手口枡形・大手正面の濠の石垣・三ノ丸御殿に着手
慶長十五年

城下　北堀橋（堀廻り石垣や御城石垣のくず石を以て造る）
城郭　天守閣・城濠・三ノ丸竣成
慶長十六年
城下　武家屋敷完成・富田城下より武士は
全部移転、四拾間堀より御舟屋まで濠完成、
鍛（冶）橋・京橋・中橋・くづれ（栗・くりカ）橋・筋違
橋

この略年表の出典は明らかにされていないが、『島根県史九』の「千鳥城と其城下」によるものと思われる。明治三九年（一九〇六）四月、松陽新報（現在の山陰中央新報）に連載された岡田射雁《しやがん》による連載記事「維新時代の話四七　千鳥城とその城下」がもとになっているようだ。西島太郎氏は、「…老婆は七十年来まったく忘却していた事実の記憶を喚起し話した。その内容は、射雁が松江城と城下について推定していた

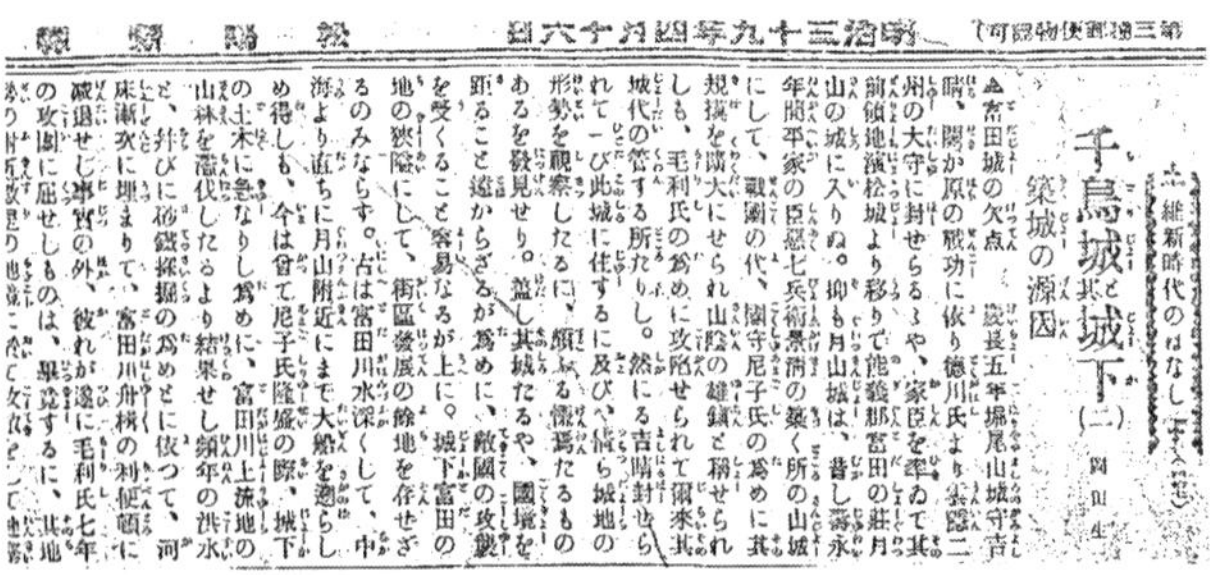
（第三種郵便物認可）　明治三十九年四月十六日　松陽新報

◎維新時代のはなし（四十七）
千鳥城と其城下（二）　岡田生
築城の源因
△富田城の欠点　慶長五年堀尾山城守吉晴、関ヶ原の戦功に依り徳川氏より雲隠二州の大守に封せらるゝや、家臣を率ゐて其前領地濱松城より移りて能義郡富田の荘月山の城に入りぬ。抑も月山城は、昔し壽永年間平家の臣惡七兵衛景清の築く所の山城にして、戦國の代、國守尼子氏の為めに其規模を擴大にせられ山陰の雄鎮と称せられしも、毛利氏の為めに攻陥せられて爾来其城代の管する所たりし。然るに吉晴封せられて一び此城に住するに及びて、備ら城地の形勢を観察したるに、頗ぶる懸隔たるものあるを発見せり。蓋し其城たるや、國境を距ること遠からざるが為めに、敵國の攻襲を受くること容易なるが上に、城下富田の地の狭隘にして、街區発展の餘地を存せざるのみならず。古は富田川水深くして、中海より直ちに月山附近にまで大船を遡らしめ得しも、今は曽て尼子氏隆盛の際、城下の土木に急なりし為めに、富田川上流地の山林を濫伐したるより結果せし頻年の洪水と、并びに砂鐵採掘の為めとに依つて、河床漸次に埋まりて、富田川舟楫の利便頓に減退せし事實の外、彼れが遂に毛利氏七年の攻圍に屈せしものは、畢竟するに、其地

岡田射雁筆　松陽新報連載記事
「維新時代の話四七　千鳥城とその城下」（文献49より転載）

考えと一致することが二、三あった。記録や口碑ではうかがい知れない新事実であり、いにしえの事跡を追念し、今を知る材料とするため、射雁は記載したのであった。」（**文献49**）と述べている。老婆の幼少期は、文政・天保（一八一八～四四）の頃で、彼女に話を聞かせた曽祖父は一八世紀～一九世紀初頭にかけての人物ということになる。城下建設から一五〇年も後の人の話である。この略年表の詳細は不明ながら、おおよその流れは尊重できると思われる。

堀尾吉晴は、普請上手といわれている。秀吉・家康に仕え、多くの合戦を経験し、種々の城とも深いかかわりをもっていた。攻め落とした城・兵粮攻めにされた城・兵粮攻めにした城・住んだ城・築城した城など、数え上げれば十指にあまる。人を使うことも上手であったようだ。

以下、松江城下と松江城の建設および特徴について述べることにしよう。

松江城下の建設と特徴　「小瀬甫庵という人物」で述べたように、小瀬甫庵が城や城下の地取・縄張を行ったという同時代史料はないが、本書では、通説を尊重して記述する。また、城安某を棟梁に、稲葉《いなば》覺之丞《かくのじょう》を木材調達の責任者に任じたというが、これも定かでない。『島根叢書第一篇』によると、棟梁であった能義郡飯島《はしま》村（安来市飯島町）

の大工某は、その功を賞され、「城安」の名を賜ったという。「出雲・隠岐堀尾山城守家中給知帳」（京都市・春光院蔵）に稲葉七郎左衛門尉（二三〇石）の名前があるが、覺之丞との関係は不明である。

城や城下の建設には、水運だけでなく陸路の整備も必要であった。ましてや、富田城から人馬・車両の往来が多く物資運搬も頻繁だったと考えられる。富田城―富田川沿いに北上―中海沿岸の荒島（安来市荒島町）で西折―山陰道―津田（松江市津田町）―売《め》豆紀坂《つきざか》（松江市西津田町）―山ノ手道―洞光寺《とうこうじ》（松江市新町）前を北折―白潟の渡り（土橋を架ける）―寺町通り―下和田見―大橋川のからから橋（木橋に改架）―末次本町―京橋―幸橋《さいわいばし》北詰を右折―大手前という幹線道路の整備であった。

幹線道路ができた後は、工事がはかどったと思われる。

既に述べたように、城を築くことになる末次郷、特に亀田山の東西には低湿地が広がり、北側は低丘陵がのびていた。この低湿地を埋め立てて、城下町をつくらなければならない。要所々々に堀を巡らし、碁盤の目状の大溝を掘り、堀や川を通して水を宍道湖へ流すという排水工事が行われた。城下町の発掘調査で確認されている。大溝によって、陸地の乾地化に努めたのである。ある程度乾地化が進むと、土を盛って嵩上げが行われた。『島根県史九』に、「運搬土量凡三万立方坪に及べり、此堀鑿土を以て彼の南北田町及び中原の沼澤地を埋立たり、…」とある。北堀の掘削で生じた残土（粘土）を客土し、田町や中原の埋め立てに用いたのである。北堀の掘削で得た土は一八万㎥に及んだと推定されている。北堀以外の堀や城内の曲輪の切盛りで余った土も使用したと考えられる。発掘調査で、湿地帯の埋め立てに山土が用いられているのが確認されている。また、埋め立てにあたって工夫がなされていることも分かった。調査地点によって異なるが、現地表から約一・五ｍ下で、最初の生活面が検出された。さらにその下を掘ると、シダ類（ウラジロ）を敷きつめた層が現れた。その下は地山であるが、水分を多く含む軟弱なシルト層であった。圧力を加えると土が移動し、その上に粘土を盛っても、平坦な土地ができない所もある。表面が凹凸のある土地になってしまう。このような問題を解決するために、地山直上に大量のシダ類を敷きつめて、土地の不同沈下を防ぐ工法が採られていたのである。実際に調査中で現れたシダ類の上に立っても、しっかり身体を支えてくれた。今も軟弱地盤で土地造成工事を行う場合、専用の紙を敷くペーパードレーン工法*1がある。四〇〇年前の工法が現代に受け継がれているのである。

大溝　城下に掘られた大溝は、道路沿いに設けられたり、屋敷境を兼ねたりしている。場所によって、異なるが、上面の幅四m前後、深さ約一mのもので、横断面は台形である。検出された遺構は、道路拡幅や建物建設に伴う発掘調査なので部分的なものであるが、各図をつなぎ合わせてみると東西・南北両方向に掘られていることが分かった。また、口絵の堀尾期松江城下町絵図（以下、堀尾期城下絵図）の道に沿って設けられた部分も発掘されている。時代とともに土地が安定してくると、溝は石積みの小さいものに変化して、現在も利用されている所が多い。

屋敷跡　屋敷跡については、松江歴

屋敷境の大溝発掘風景
家老屋敷群跡　西から

敷きつめられた大量のシダ類

史館建設に伴いまとまった面積が発掘されたので、以下紹介しよう。

内堀に架かる北惣門橋の東側に江戸時代を通して家老屋敷が置かれた。三方向に分岐する堀の東側L字形に屈曲する部分に沿って、南北約二八〇m、東西約一二〇mの範

家老屋敷群空中写真　中央の石組水路から上が北屋敷
一部を除いて、まだ初期の遺構面は検出されていない

囲に家老屋敷群が置かれ、幕末まで重臣の屋敷地となった。家老屋敷群の北西角部分に松江歴史館が建設されることになり、平成一八（二〇〇六）～二〇年にかけて発掘調査が行われた。総面積五、一二七㎡がその対象であった。屋敷境の大溝より北を北屋敷、南を南屋敷として述べることにする。検出した遺構は四面あったが、本書では一七世紀初頭～前半の遺構を取り上げる。
北屋敷　初期の遺構は、標高一・二～一・五mの高さにある。屋敷地の南側に、小水路（遣水《やりみず》）で繋がれた小型の池と瓢箪《ひょうたん》型の池を備えた立派な庭園がつくられていた。小型の池は、東西約三・四m、南北約四・六m、深さ約〇・八mの平面方形の素掘り

家老屋敷群発掘風景　北から

土坑中に、大海崎石《おおみざきいし》の割石を方形に積み上げていた。瓢箪型の池は、東西約一三・五m、南北約七・〇m、深さ約〇・九〜一・二mある。池の西側が浅く、東側に向けて次第に深くなっている。北西側と南東側は、大海崎石の大形の割石を貼り付けて壁面を成形した状況が確認された。池の北側に、庭園を鑑賞する建物が建てられていた。この建物から、渡り廊下で小水路を跨いだ南側にある小さい建物に繋がっていた。池を鑑賞できる茶室があったと考えられている。植栽や花壇の跡も確認されている。また、池の南東あたりに、築山があったかもしれない。堀尾期城下絵図には、北屋敷の位置に堀尾采女《うねめ》の名前が見える。松江城と

北屋敷の庭園　北東から
左が瓢箪型、右が小水路で繋がれた小型の池。手前に池を鑑賞できる建物跡がある。そこから小水路を跨いだ渡り廊下が延び、その先に茶室があったと思われる

城下町が完成した慶長一六年（一六一一）に、堀尾采女の父である堀尾民部《みんぶ》がこの屋敷に住んでいた可能性が高い。堀尾民部は、吉晴の姉奈良《なら》の子揖斐宮内《いびくない》（堀尾姓を賜り、後に民部）である。一代で大名になった堀尾氏は一族の多くを重臣としている。慶長一三年（一六〇八）の書状（八〇ページ）に堀尾宮内、元和五年（一六一九）の内神社への寄進状に、民部の署名がある。（七三ページ）この屋敷には吉晴や忠晴も訪れた可能性が高い。

南屋敷　初期の遺構は、標高一・三〜一・三四mの高さにある。この遺構面は造成当初においては三本の素掘り大溝で屋敷地が三分割された形となっていた。東西方向の水路兼屋敷境から南へ七m離れて並行する東西方向の

采女屋敷で忠晴が庭園を鑑賞している想像図（文献61より転載）

溝と、この溝から直角方向に延びる溝によって分割されていた。調査者は、後者の二本の溝を間仕切溝としている。なお、間仕切溝は間もなく埋められてしまう。

この間仕切溝で区画された方形区画部分に、建物跡が三棟検出され、南屋敷の中心的な位置となっている。内堀沿いの道路に面した位置の西側建物は南北六間、東西四間の規模をもつ母屋と見られる。その東隣に七尺（二・一五m）空けて東側建物が検出された。東西六間、南北二間の規模をもつ。建物内の東側に、拳大《こぶしだい》の川原石を敷きつめた土間と考えられる部分があり、多量の炭化物が出土した。火を扱う台所のようなものが推定されている。

西側建物の東南角付近で、導水施設が検出さ

南屋敷　方形区画に建物跡３棟が検出された。右側調査区外に内堀沿いの道路がある。手前の溝が、水路兼屋敷境。北から

れた。飲料水を、調査区外の井戸から取水する施設と考えられる。北北西方向に延びる溝状遺構で、その先端に円形の土坑《どこう》が掘りこまれていた。溝内底部に、節を抜いた竹が埋設され、竹のまわりには植物繊維が巻きつけられていた。土坑は平面円形で、直径一・四m、深さ最大五九・四㎝ある。土坑底部には丸桶《まるおけ》の抜き取り痕があり、径六二㎝前後の桶が据えつけられていたことが分かる。これが終点で、水を汲み取るためのものであろう。松江では、初めて検出された遺構である。城下町全体に敷設された大規模な上水道ではなく、この屋敷地内だけで使用された施設である。松江城下町周辺は、飲料に適した水の確保が困難で、明治の頃までは水売りが訪れていたという記録がある。

　この屋敷地の当主は、堀尾期城下絵図から堀尾右近《うこん》（五〇〇石）と思われる。

南屋敷の導水施設　北から

屋敷境　南・北屋敷間に、幅三・一五~四・〇m、深さ一・一七mの素掘り大溝（一〇六ページ）が検出された。調査区内をほぼ東西方向に一直線に延びるものである。溝底部での標高は西側が〇・一七八m、東側がマイナス〇・一三五mで、水は東の外堀（米子川）方向に向かって流れるようになっていた。調査区を南北に分断していた。溝の南側肩部から柱穴列が検出された。溝と並行してほぼ一直線に並んでいる。柵か塀などの遮蔽物《しゃへいぶつ》があったのだろう。時代が下ると、他の大溝と同様に、小規模化し、石組の水路（一〇七ページ）に変化している。溝の埋土の大部分は、北屋敷から人為的に排出された土砂やゴミであった。肥前《ひぜん》系陶器を中心とした国産陶器、中国青花《せいか》・五彩《ごさい》、土師《はじ》器《き》皿、金属製品、瓦、植物製品が出土している。特に植物製品は大量で漆器椀や下駄などの木製

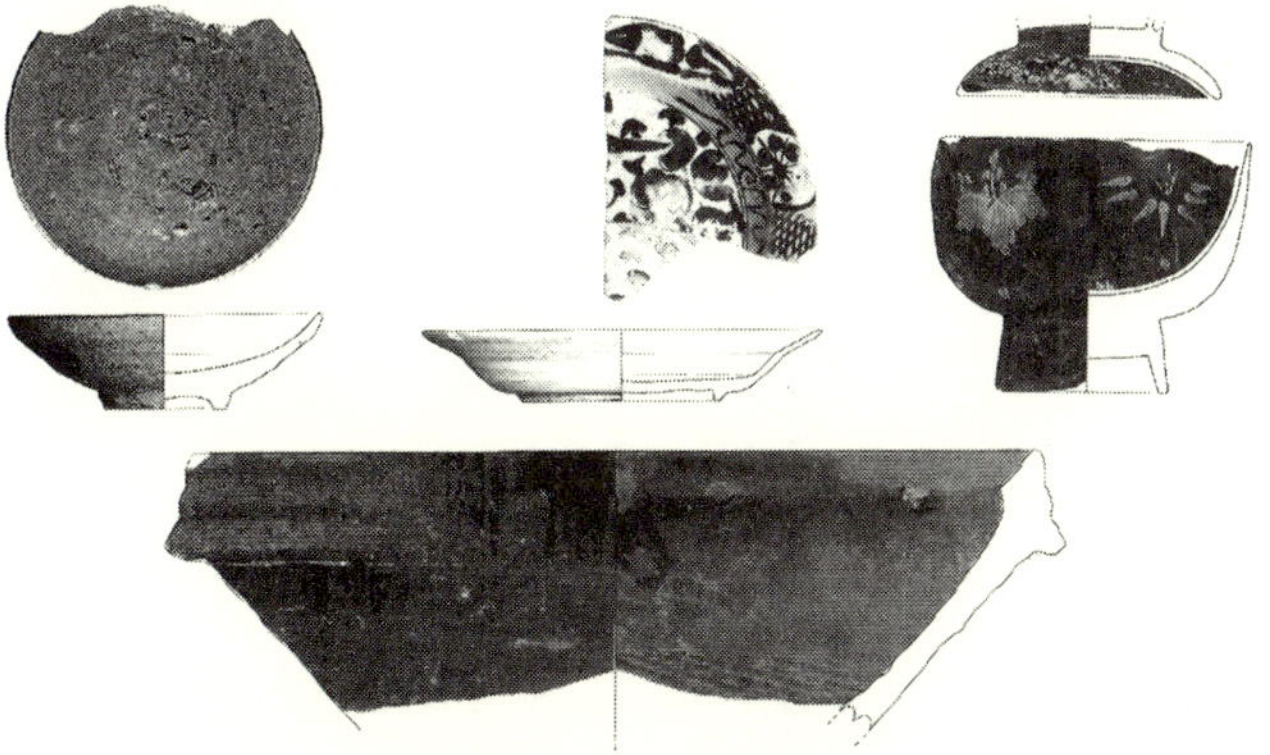

屋敷境大溝出土の遺物
左：肥前系陶器皿　中：中国五彩皿　右：漆器椀　下：備前焼擂鉢

品のほか竹製品や草茎製の編物なども出土している。

堀の開鑿　城の防備・城下の乾地化・水運などを考慮して、堀の開鑿《かいさく》が行われた。堀を全体的に俯瞰《ふかん》して見ると、松江城と城下の重要部分を取り囲む形となっている。詳細な施工順は不明であるが、城の周囲・四十間堀川《しじゅっけんぼりがわ》・京橋川《きょうばしがわ》・米子川《よなごがわ》・北田川《きただがわ》が開鑿された。

城の北側に続く低丘陵の鞍部《あんぶ》となっている宇賀《うか》山を削って行われた、屋敷地造成と北堀川の開鑿は難工事であったと思われる。堀の幅三五間で、道路及び屋敷地を合算すると五〇間に及び、その長さ約一三〇間になった。宇賀山を掘った深さは殆ど三丈（＝三〇尺）になったという。堀の深さは、水面下七尺で、運搬土量は約三万立方坪であったとされている。一間＝一・八mで換算すると、一八万立㎥になる。この掘り上げられた土は、前述のように、南・北田町及び中原の沼沢地埋立に用いられたと伝えられている。搦《から》め手《て》となるこの北堀川《きたほり》（北田川の一部）部分は、内堀《うちぼり》と外堀《そとぼり》を兼ねている。それだからこそ、幅広く深い堀に仕上げられたのであろう。

最終的に、堀の水は宍道湖へ流れ出るようになっているが、この時点では、京橋川の東部からしか繋《つな》がっていない。恐らく、軍事上の理由によるのだろう。松江城下絵図から、天和三年（一六八三）には、四〇間堀川の南から直接宍道湖へ繋《つな》げられていたと思われる。

社寺の移転　亀田山には、元から鎮座していた神社があり、必要に応じて遷座《せんざ》したりしている。また、富田城下から移転した寺社も多い。主なものについて述べる。

須衛都久《すえつぐ》神社のほか宇賀宮三所の荒神等の社があったので、築城にあたって神鬮《かみくじ》を得て奥谷の春日神社境内他に移したという。城下建設にあたって、白潟天満宮・伊勢ノ宮・愛宕権現《あたごごんげん》などは移し祀られたという。また、富田城下から、清光院《せいこういん》・大雄寺《だいおうじ》・愛宕《あたご》権現《ごんげん》・普門院《ふもんいん》・桐岳寺《とうかくじ》・千手院《せんじゅいん》・信樂寺《しんぎょうじ》・洞光寺《とうこうじ》他が移された。寺院には、東方ないし南方からの敵に対する防衛陣地として、また出陣時の陣地としての役割ももたせている。寺院配置には、そのような工夫が凝らしてある。一方、千手院については防御上の役割に併せて、城の鬼門除《きもんよけ》として城の北東方向の低丘陵に祀られた。

堀尾期松江城下町絵図　口絵のこの絵図は、元和六年（一六二〇）～寛永一〇年（一六三三）の松江城下を描いたものと考えられている。一四一×一一七㎝と大きなものである。北東部分は、松江湖（松江湾）周辺に沼沢地も広がり、西～北西にふけ田が広がっている。現在の松江の町からは想像もつかない地形である。城内及び周辺はていねいに

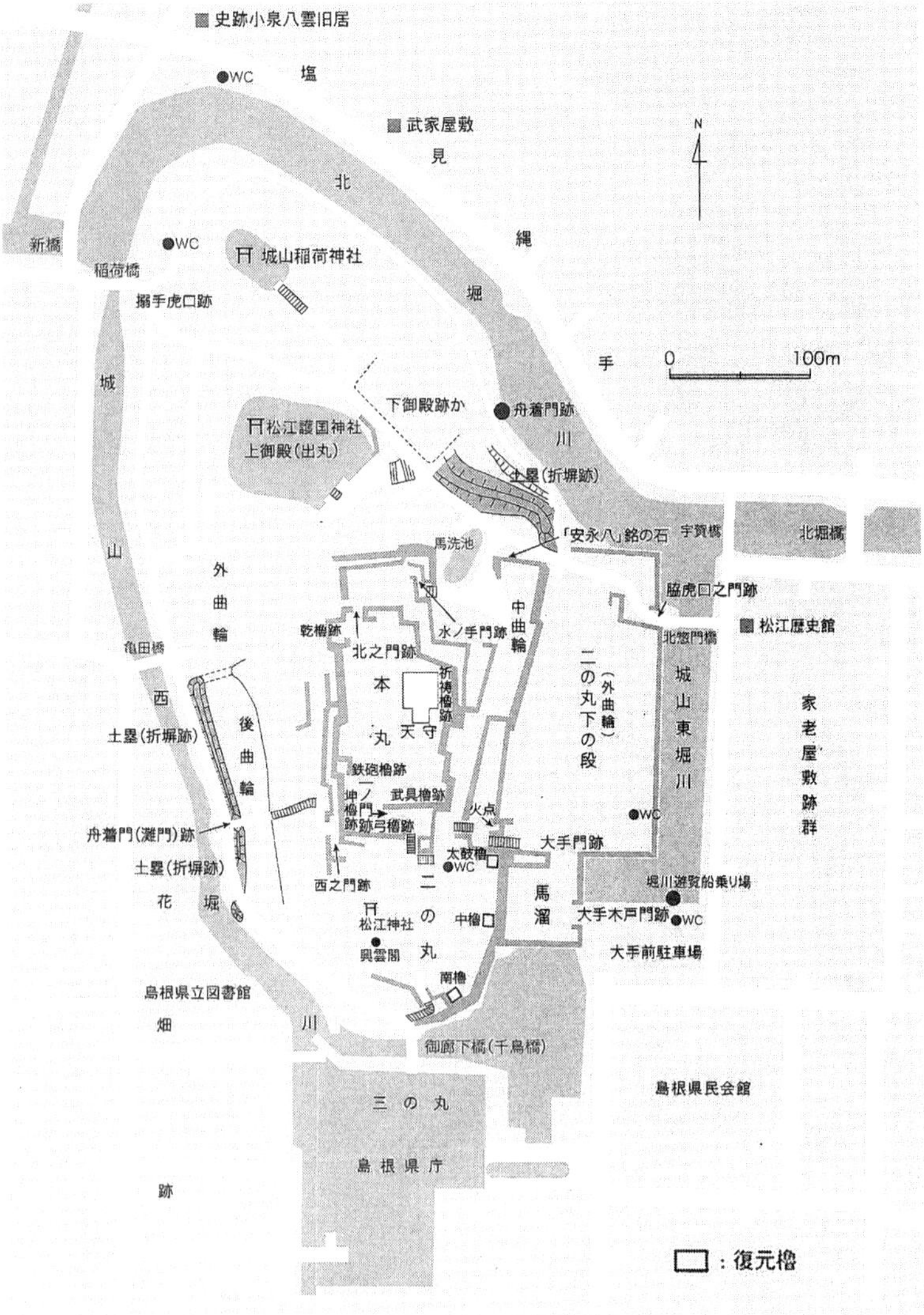

松江城内の主な曲輪と遺構

描かれている。武家屋敷と寺院には名前が書きこまれている。町屋は区画のみで、名前の記入はない。図面は、概ね正確であるが、西側湖岸寄りの外中原の町並は、東側の町並と同方向となっている。現在の町並は、東側と比べると北東〜南西方向に約二〇度傾いている。中心部からはずれるので、細かいところは気に留めなかったのか時代による変化と思われる。天和三年〜元禄五年（一六八三〜九二）の図では、現在と同じ方向になっている。最も南の町並（雑賀町）は、東西に長い屋敷地となっている。後には南北に長くなる。足軽屋敷となる町で、まだ計画段階であったとも言われている。

北東上空から見た松江城と周辺（2007年撮影／山陰中央新報社提供）
写真の上（西）と左下（東）の大部分は、軟弱な地盤の低湿地であった

松江城の建設と特徴

城というと、天守のみを指す場合が多いが本書では、内堀内の全体を城として扱う。縄張が終わると、仮殿が建てられ、本丸と二ノ丸の地均しから始まったとされる。以下、曲輪毎の概要を述べ、特筆すべきことは別に項目を設けることにする。

曲輪等の配置　最頂部を、標高二二～二九mに削り本丸とした。本丸から、段下がりの曲輪を配置した梯郭式《ていかくしき》の平山城である。平面卵形の部分が城の本体とでもいうべきところで、南側の方形部分が三の丸である。

本　丸　南北約一五〇m、東西約五〇～七五mの南北に長い曲輪である。

石垣上に、櫓《やぐら》・多門《たもん》・瓦塀《かわらべい》が天守をとりまくように築かれていた。櫓は六棟あり、天守東側

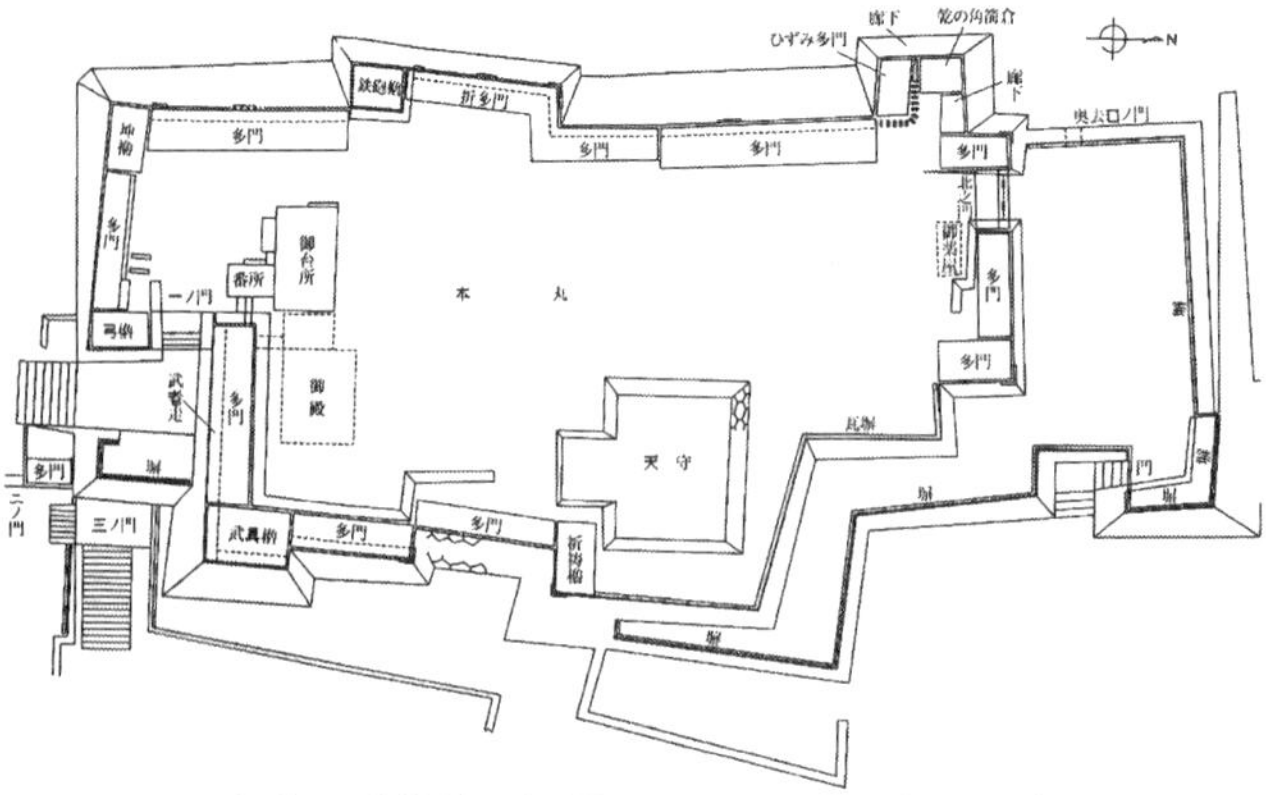

本丸の建物等配置図（文献15より転載　改変）

直近の祈祷櫓から、時計まわりに武具櫓・弓櫓・坤《ひつじさる》（西南）櫓・鉄砲《てっぽう》櫓・乾《いぬい》（西北）櫓があった。石垣の切れたところには門が置かれ、南側に一ノ門（南之門）、北西側に北之門があった。創建当時は、御殿《ごてん》他の建物があり政治の中心であったが、後に二の丸、さらに三の丸へと移っている。

天守は、中央東寄りの位置に建っているが、他の建物は現存しない。櫓や多門跡は、発掘調査が行われその位置が確認された。残された石組やレンガ状切石とか盛土で櫓や多門の跡を示しているから、それぞれの建物が想像できる。ただし、一ノ門と隣接する多門は、後世の建築で、位置や規模・形等は江戸時代のものと異なる。

明治８年以前の遠景（部分）（松江市蔵）
高石垣上は二の丸、左下の建物は三の丸、天守直下の建物が武具櫓

本丸の東南角の武具櫓跡が発掘されている。高石垣上にあって柱の台となる礎石《そせき》と礎石を抜取った痕跡が現れた。この部分の石垣は、横矢をきかせるため、北側の多門の並びから東へ突き出た出隅の形となっている。『竹内右兵衛書付』（以下、竹内書付）*2に、一階は梁間《はりま》五間・桁行《けたゆき》八間、二階は梁間四間・桁行六間とあり、発掘結果と一致する。出土品ではないが、大きさなどから、この櫓にあったと思われる高さ一m強の鯱《しゃち》瓦（松江市蔵）がある。竹内書付に、「しゃち本こあり」とあるように、鯱をもつ城内最大の堂々たる櫓であった。明治初め頃に撮影された遠景写真（一一九ページ）の天守直下にその様子をとどめている。

各建物は、竹内書付や『松江城縄張図』（以下、

発掘された武具櫓跡　北から

縄張図）*3と一致するが、堀尾期城下絵図の建物との関係がはっきりしない面もあり、幕末まで存在した建物全てが当初からあったかどうかは分からない。

二の丸　本丸の南側、一段下がった部分で、平面形は南北約九〇m、東西約一〇〇mのかまぼこ形をしている。東側と西側の間には高低差があり、東側が低い。現在は、西側に興雲閣《こううんかく》（大正天皇が皇太子の時の宿泊所）と並んで松江神社が鎮座《ちんざ》している。

高石垣上に、瓦塀で繋いだ櫓四棟が存在した。現在は、瓦塀と三棟の櫓が復元されている。世の中が安定して戦の心配がなくなると、松平二代藩主綱隆《つなたか》の頃まで、ここの御殿*4が政庁として利用されたと考えられているが、最近異論もある。堀尾期絵図にも建物が描かれているが、その詳細は不明である。飲料用の井戸が存在する。発掘の結果、井戸の周囲に、敷きつめられた来待石製の板石が、その東

左：井戸の内部　右：復元された覆い屋付の井戸

西両側に柱穴が四か所ずつ検出された。井戸は、径約二・七ｍの円形のものである。割石と自然石を積んだ井側で、天守内部のものに似ている。一七世紀初頭に一般的なタイプのものである。現在は覆《おお》い屋が復元されている。来待石は幕末頃のものと考えられる。今も水をたたえている。筆者の子供時代は、誰でもポンプでくみ上げて自由に飲んでいた。堀尾一族も利用したのであろう。

二の丸下の段　標高三ｍ前後の位置に、南北の最大長約二〇〇ｍ、東西の最大幅約九〇ｍの平面をもつ。西側は高石垣直下で、東側土手の外は堀に面した高石垣である。西側高石垣の南には、二の丸・本丸につながる石段（本坂）があり、さらにその南に石垣と大手門跡がある。

藩の経済を支える米倉が置か

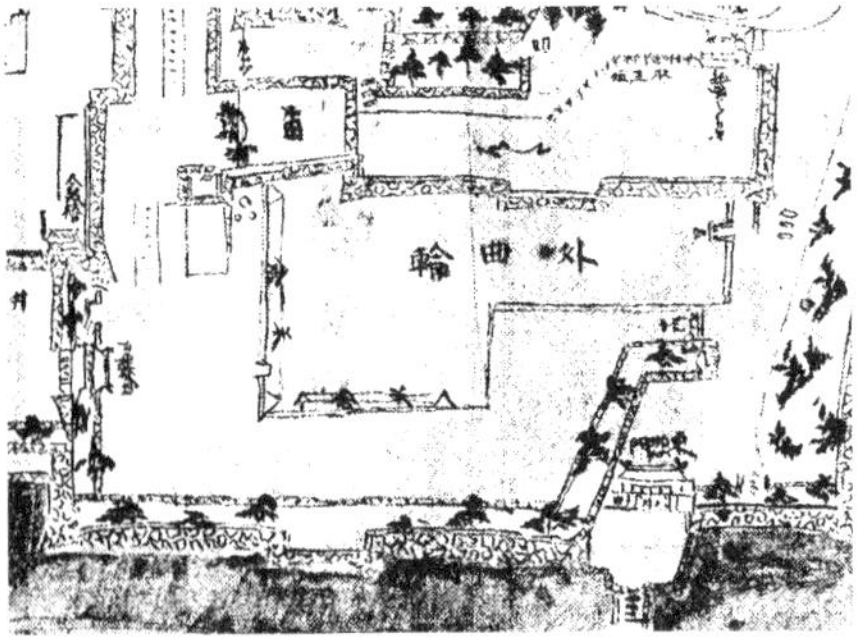

二の丸下の段のＬ字状に配置された米倉
堀尾家松江城郭之図（部分）（文献15より転載）

発掘された平面L字型配置の米倉　東南から

れていたことが絵図で分かる。発掘調査で、平面L字形配置の米倉跡が検出された。絵図に描かれた通りであった。後に、内部に建物が追加される。

馬　溜　二の丸高石垣直下にあって、本坂の南側にあたる。一辺五〇ｍ内外の方形状広場で馬溜《うまだまり》とよぶ。南東側に大手木戸門跡、北に大手門跡がある。東側と南側は内堀に沿って、石垣が組まれている。今は見えないが、土手の内側にも腰石垣が組まれていたことが発掘で明らかになった。いざという出陣の時、騎馬《きば》武者《むしゃ》が集結する広場で、敵に対する防御とともに、出陣しやすいよう木戸門の内側に置かれた。

　発掘で、方形の井戸跡二と排水路が検出された。報告書には明示されていないが、北西側に位置する井戸は石材や石の組み方から築城当初に設けられたと思われる。両井戸跡とも復元され、北西側の井戸跡は覆い屋を伴う形で復元されている。なお、これらの井戸跡の類例を探してみると、新潟県の村上城に、南側の井戸跡に似た「馬冷やし場」と呼ばれているものがあるという。

復元された覆い屋付の方形井戸

後曲輪・外郭　本丸の西側最下段に位置する。標高三・五ｍ前後のところに、外郭《そとくるわ》と合せて、北西～南東方向約四〇〇ｍの細長い曲輪である。堀尾期絵図をみると、二の丸西之門から降りる道が今の石段より北寄りの位置にあったようだ。造られた時期は不明であるが、堀沿いに土塁が残っている。何らかの壁があったと思われる。後の時代に、堀を渡って拡張された花畑へ行くための舟着門と渡舟が設けられたが、この時期はまだそのような施設等は造られていない。また、この曲輪にも建物があったが、具体的なことは分からない。

上御殿　本丸の北西側、標高一九ｍ前後の独立丘陵に位置する。本丸と繋がっていた部分をカットして造成したものと思える。東西約九〇ｍ、南北約六五ｍの平坦面がある。周囲には、東側を除く三方に土塁状の高まりがある。柵でもあったと考えられる。構築時期は分からないが、北東側外面に少しばかり石垣が残っている。築城に当たり、仮御殿が建てられ、吉晴がここを中心に指揮したことにちなんで、「上御殿《うわごてん》」と俗称しているが、確かな資料はないという。各絵図には、「北之丸」・「出丸」・「侍屋敷」などと記されている。

後に、松平家三代藩主綱近《つなちか》の弟吉透《よしとお》がここ（「後山」）に新居を建て新婚生活を送っていたことから「新御殿」とも呼ばれた。綱近は眼病を患ったので、吉透に譲位《じょうい》しここで後眼病治療に当たったがついに失明した。縄張図に若干の記録はあるが、他には記録が見当たらなく詳細は不明である。享保一八年（一七三三）の百姓町大火の折り、飛び火して全焼したという。その後は、空地となり矢場や練兵場《れんぺいじょう》として使われたと伝わる。部分的な発掘調査が行われ、「新御殿」と思われる建物跡が検出されたが、中心的なものではなかった。火事場整理が徹底的に行われたとみえ、当時の生活面は削られていたと調査者は報告している。

現在は、護国神社が鎮座している。

城山稲荷神社　上御殿の北側に位置する。標高一九ｍ前後の独立丘陵となっていて、上御殿との間は、カットされ屋敷用地と道になっている。頂上は三五ｍ×二八ｍの平坦面が削り出され、城山稲荷神社が鎮座している。城郭となる亀田山（神多山）には多くの社寺が祀られていたので、社寺を各所に移転させたが、中でも若宮八幡はこの山で、荒神跡は本丸の祈祷櫓《きとうやぐら》で祀ることになった。城山稲荷神社の創建については、松平直政が寛永一五年（一六三八）松本藩（長野県松本市）から入封し、翌年、稲荷大神の分霊を勧請《かんじょう》して出雲国と隠岐国の守護神としたことによるという。若宮八幡を合祀し「御城内稲荷八幡両社」と称するようになったと伝えられている。

上御殿との間の道は、城内の幹線とも言える道で、城内の各曲輪へつながっているし、物資運搬に重要な役割を果たしている。この道沿いに、堀尾期城下絵図の瓦塀が描かれた石垣の続き部分に土塁が残っている。

城への出入り口　城への入口は四か所あった。大手木戸門と大手門・脇虎口之門・搦手虎口之門・三の丸之門である。大手木戸門と三の丸之門は地続きであった。

大手木戸門と大手門　大手木戸門は、馬溜の南東に置かれ、地続きに出入りできる門であった。防御《ぼうぎょ》だけでなく、攻撃《こうげき》も考慮されていた。

大手門（大手虎口之門・南惣門《みなみそうもん》）は、馬溜の北側に位置し、最も重要な門であった。二階建ての堂々としたもので、鯱《しゃち》がのっていた。発掘調査で、両側の石垣を利用した門であることが分かった。その両石垣上から大型鯱瓦片が出土した。中

発掘された大手門の西側部分
南東から

復元された大手門取付石垣南東から
樹間に天守が見える　　南東から

央に観音開きの門扉が設けられ、左側（西側）にくぐり戸と番所があったことが絵図から分かる。脇虎口之門と同様に、足軽が輪番で門番にあたっていたのであろう。

その他の門　脇虎口之門（東惣門・北惣門）は、北惣門橋の西側にある。大手門を小型化したもので、大手門に次ぐ重要な門であった。北惣門橋の発掘で、鯱瓦片が出土した。史跡小泉八雲旧居に、この門のものと思われる高さ八九㎝の鯱瓦がある。松平家二ノ丸米倉及荻田屋敷之図に、「城代組足軽輪番」とあり、足軽が門番をしていたことが分かる。

搦手虎口之門は、西側城外につながる門で、眼前に稲荷橋が架かっている。絵図に見るのみで、具体的なことは分からない。

史跡小泉八雲旧居にある鯱瓦

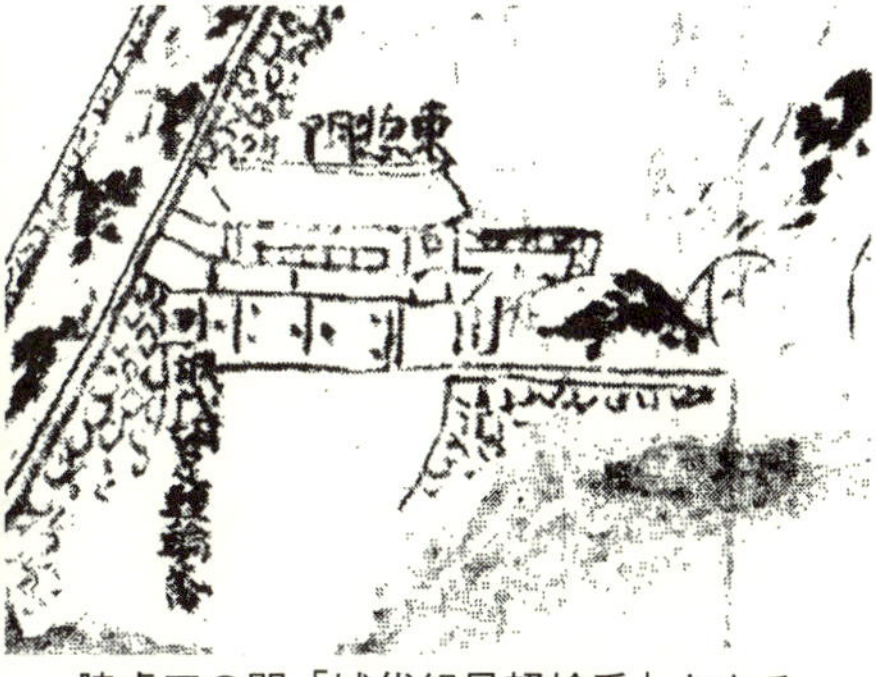

脇虎口の門「城代組足軽輪番」とある松平家二ノ丸米倉及荻田屋敷之図（部分）
（文献15より転載）

三の丸之門は、現島根県庁構内の正面入り口にあたる部分で、これは絵図や古写真でその存在が分かるのみで、実態は不明である。

三の丸　最南の平面方形部分で、ここも堀で囲まれていたが、南側が埋め立てられ今は見ることができない。堀尾期城下絵図で建物の配置が分かるが、遺構の大部分は消滅している。松江城のほとんどは、慶長一六年（一六一一）には完成していたと思われるが、三の丸の完成は若干遅れ、忠晴の時代または京極忠高の時代とも言われている。

三の丸は一種の馬溜形出丸《でまる》で、敵襲《てきしゅう》の時、城内と城外の迅速な連携行動をとる曲輪ともいわれている。城外とは土橋で繋がっている。

石垣の構築　敵の攻撃意欲をくじき、また城の

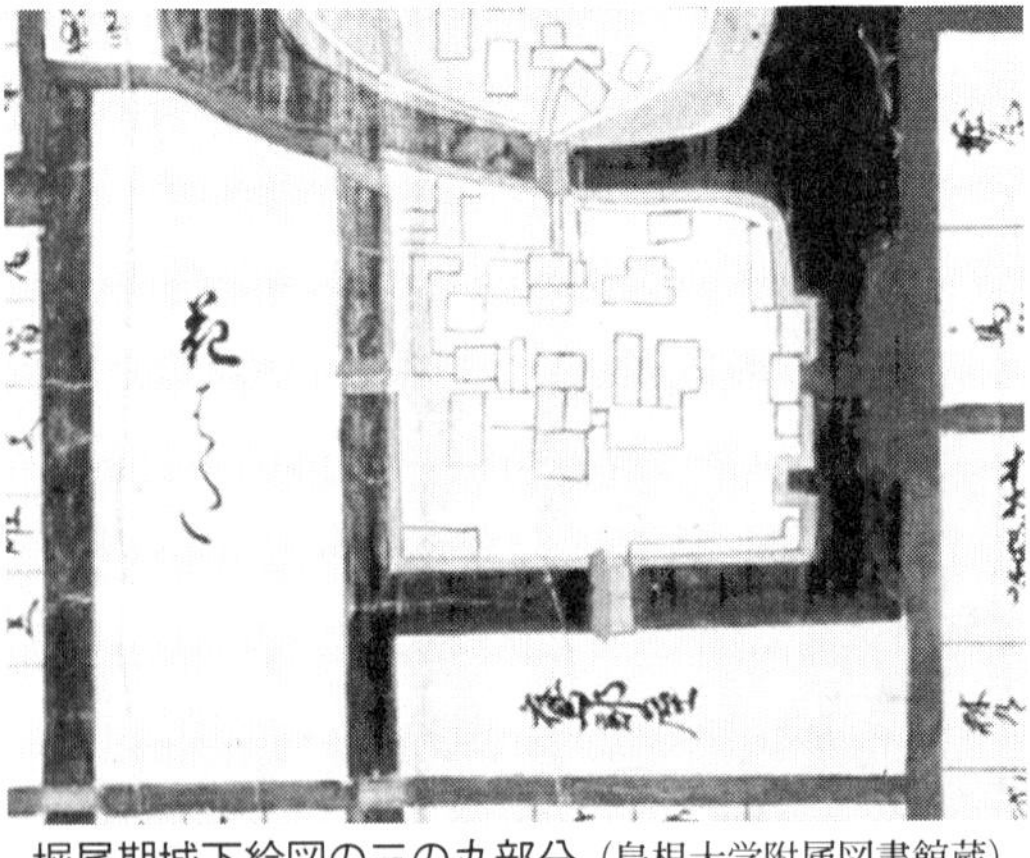
堀尾期城下絵図の三の丸部分（島根大学附属図書館蔵）

見栄えを良くするために、石垣のもつ役割は大きい。経費と工期の許す限り、城の全体を石垣で守りたいところである。松江城の場合、北及び西側の堀沿いには石垣がない。

石材の調達　築城時に使用された石には、矢田《やだ》石と大海崎《おおみざき》石が知られている。どちらも、数㎞離れた所で切り出されている。

大海崎町には「石場」という小字名が各所にある。おそらく、この地で石切りが行われていたのであろう。数年前、大海崎石の現地調査が行われたが、表面的な観察を主としているので、石切り場の把握にはいたらなかった。しかし、大海崎町から西南方向に少しばかり離れた大井町で矢跡の残る磐《いわ》が発見された。松江城のためのものかどうか分からないが、矢（鏨《たがね》）を打込み切り出そうとしたことが分かる。

矢跡の残る磐（大井町）

堅すぎるとか何らかの理由で、放棄せざるを得なかったのであろう。当地方でよく見られる島石《しまいし》や来待石も時折見かけるが、これは幕末に近くなってからのものである。

　切り出した石は、内水面（大橋川）を筏《いかだ》で運んだのであろう。大きな石の場合、水中に吊るせば比較的楽に運べる。川底には、途中で落下した石があるとも言われるが、実際にはそのようなことは確認されていない。石集めは大変なことで、コラム「松江亀田山千鳥城取立（之）古説」に記したように、大勢の石取り人夫を集めるため工夫したたいほう夫人の逸話が伝えられている。

石垣工事　当然のことながら、石垣を組むには、堀・曲輪・土塁などがある程度できていなければならない。石垣を組む場所の地質等によって、そ

裏込め石
右側が表面

石垣直下に胴木が見える
（城山東堀川に面した石垣）

れぞれ異なる。堀など、常に水中であったり軟弱な地盤であったりすれば、最下部に胴《どう》木《ぎ》を敷く必要がある。しっかりした地山であれば問題ないが、盛土で造成された所であれば、裏込めの問題も考慮しなければならない。それぞれの工事と石垣構築は密接な関係がある。

石の種類・大きさ・石垣の高さによって積み方が異なる。穴太衆《あのうしゅう》など専門的な石工の存在が考えられる。『千鳥城取立古説』に「石組みの穴太衆は近江国から四百石と三百石で二人召し抱えられ、…」とある。

墨書や刻印　組まれた石をていねいに見ると、刻印《こくいん》があることに気が付く。

二の丸下の段の堀（城山東堀川）に面した石垣で修復が行われた時の図面を見ると、裏側など見えない部分や水面に近いところでは墨書《ぼくしょ》もある。刻印や墨書にはいろいろなものがあるが、何のため刻まれたか分かっていない。徳川幕府の命による天下普請に参加した大名が、各大名の施工を示す紋章を刻んでいたが、松江城の場合は意味が異なると思う。堀尾氏の紋章である分銅紋と安全祈願の安倍晴明判紋は別として、工事の円滑化のための印と思われる。刻印のよく見える石垣には、二の丸下の段の西側高石垣と水の手門付近の石垣がある。なお、分銅紋は、本坂の火点《かてん》に集中している。刻印が多用さ

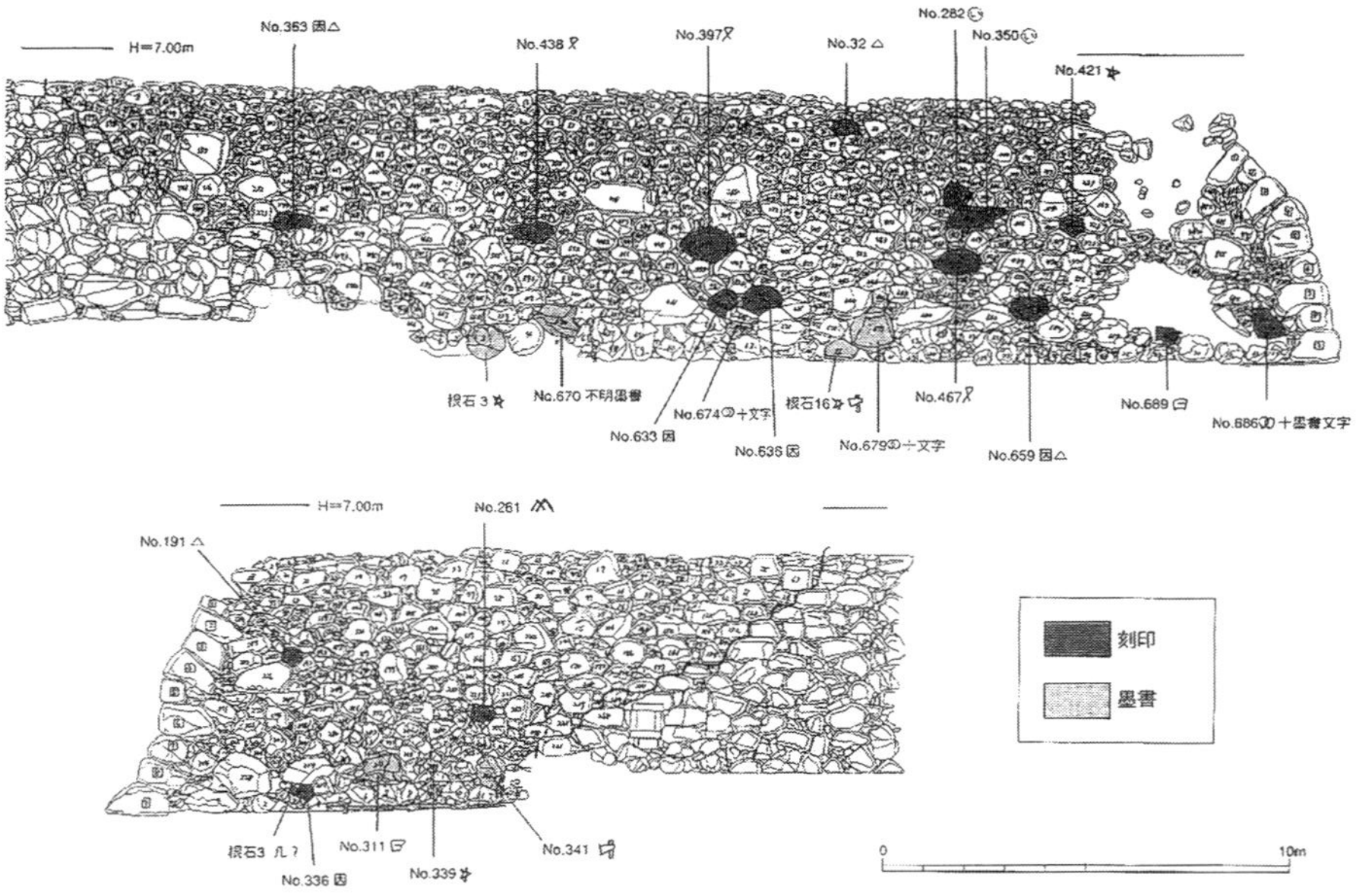

いろいろな刻印と墨書　二の丸下の段南東角の城山東堀川に面した石垣

れるのは、慶長年間（一五九六〜一六一五）半ばからで、それ以前は墨書が中心であった。当初の刻印は点彫りであったが、後には線彫りになるという。松江城の場合、築城時の石垣に限られる可能性が高い。

石垣の修理　近世の城は石垣で囲まれ、城郭建設の労力の多くは堅牢な石垣づくりに費やされた。だが、その構造上崩れやすいという欠点もある。松江城も度々崩壊し、何回も修理された。従って、残された石垣の全てが築城当時のものではない。

安倍晴明判紋
城山東堀川に面した石垣

上：火点　南西から　分銅紋が集中する
下：火点に見られる分銅紋　点彫りであることが分かる

修理にあたっては、幕府の許可が必要であった。安永七年（一七七八）六～七月、当地方の大雨・洪水で石垣が崩壊したので、同年八月、幕府へ修理伺いをたてている。その図面の控えがあり、ちょうどその場所の石垣に「安永八」と刻まれた石が残されていた。許可が下りて施工したことが分かる。堀尾氏の時代よりずっと後のことであるが、全ての石垣が築城当時のものではないことを示す良い史料・資料と思い、紹介する次第である。

天守の特徴　本丸には、天守と天

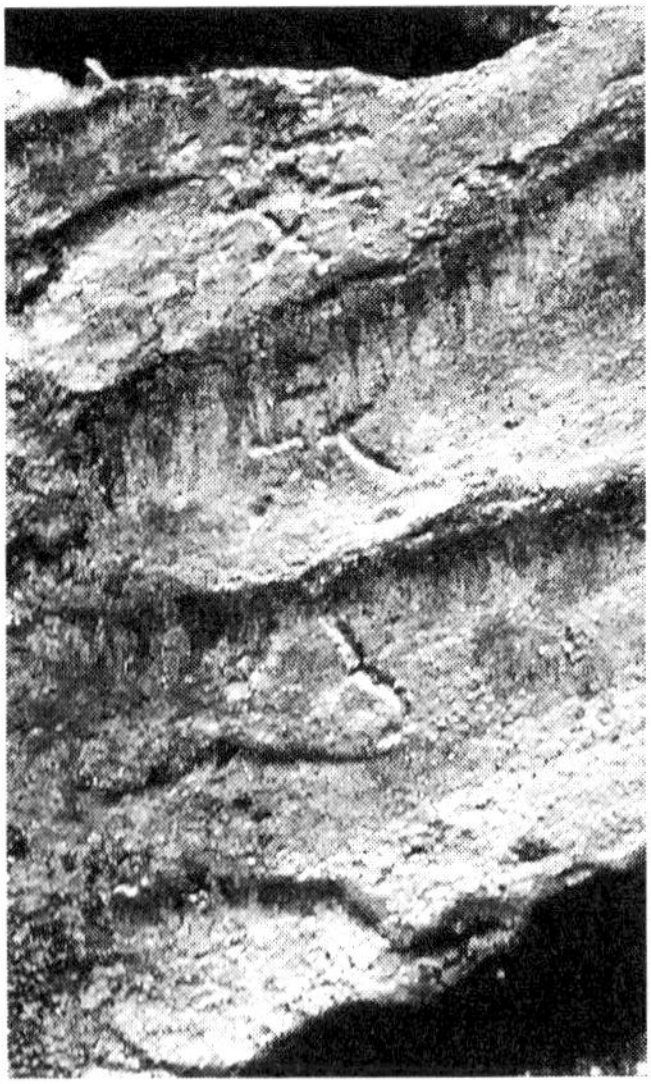

「安永八」銘の石

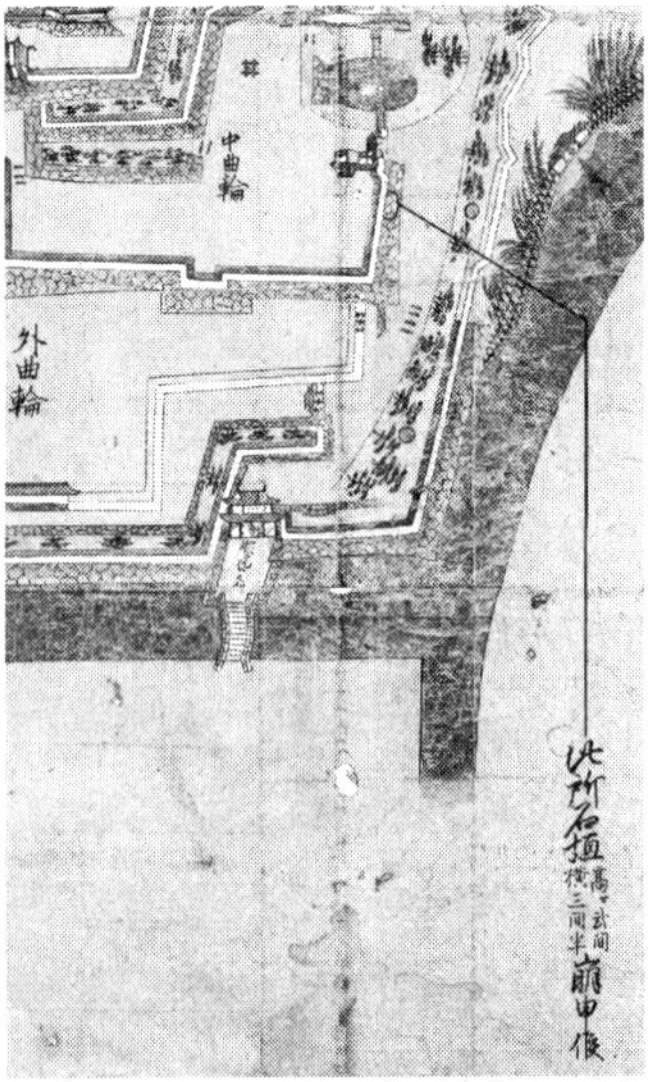

安永七年の修理伺い（部分）線の先が修理か所　（松江歴史館蔵）

守を取り巻く形の櫓・多門・瓦塀・門が築かれていた。天守は、本丸の東に寄った位置に建てられている。他の建物との関係上、平坦面の有効的な利用が考慮されたのであろう。かえってそのことが、城の内外に堂々たる姿を見せつけていたと思われる。樹木繁茂で見えにくくなったのが残念である。

以下、天守について述べるが、松江城天守は何度も修理されているため、創建時と異なる部分があることをご承知願いたい。

①外観と規模　これまでは、石垣上の五層（階）と地階の建物であることから、五層六階と表現されていたが、国宝指定にあたって「四重五階、地下一階付、本瓦葺、南面付《つけ》櫓《やぐら》一重、本瓦葺」とされた。屋根の数え方は、建物の壁面を取り巻く形のものを数えるので、四重*5となる。内部が地階となる天守台上に五階建ての建物がのり、上がるに従って床面積が狭くなる望楼型《ぼうろうかた》である。

外見上の目立つものを挙げてみよう。全体に、漆喰塗《しっくいぬ》りの白壁と黒色の下見板張《したみいたば》りが絶妙な雰囲気を醸《かも》し出している。一・二階及び付櫓の下見板張りは、石落としの存在を分かりにくくするという効果も生み出している。南北両面の全体を見ると、付櫓上部と三～四階張出部の上部に千鳥破風《はふ》を見せている。五階屋根の鯱一対は、高さ二m強の木製銅板包みで、鱗《うろこ》の大きい雄と思われるものが西側にある。東西両側面を見ると、二〜四階の大屋根と五階の屋根部分に千鳥破風を見せている。窓は、ほとんどが連子《れんじ》窓突揚《つきあげ》板戸となっているが、三階張出部中央の、格子のついた火灯《かとう》窓がアクセントを添えている。五階は、全面が窓で雨戸を外せば、一度に四方を見渡せる。引戸形式の板戸で、外側に手摺《てすり》（高欄《こうらん》）を巡らす。一〜四階の各壁面には狭間《さま》が設けられている。

『重要文化財松江城天守修理工事報告書』（以下、修理報告書）に、「当初は千鳥破風が初重屋根についていたものの如くで、仕口は一度使用した形跡が明らかで、釘穴も存していた。」とある。最近の調査・研究で、もっと多くの破風があったと思われるようになってきた。Ⅳ　その後の松江で概略を記しておく。

なお、松江城天守を千鳥城とも呼んでいるが、千鳥破風からきたと思われる。

天守の鯱を除く棟までの高さは、一尺＝三〇・三㎝で換算すると、二二・四四ｍ（天守台を含めると、約三〇ｍ）である。一階の床面積は、一坪＝三・三㎡で換算すると、四四六・五㎡である。現存一二天守中、建物自体の高さは姫路城・松本城についで三番目、床面積は姫路城についで二番目である。

②構　造　各階に分散された通柱《とおしばしら》については、昭和二五年（一九五〇）から行われた

松江城の解体修理で明らかにされ、内藤昌氏も「互入式通柱」構法と名付けるなどしていたが、松江城の国宝化に大きな貢献をされた故西和夫氏によって、その実体と意義が明らかにされた。以下、西和夫氏執筆の報告書や著書等を参考に紹介しよう。

　松江城では、上層の荷重の受け方に特徴がある。五階の柱の列といってもよい柱筋《はしらすじ》を四階の柱が直接支えていない構造になっている。かつて構造上の弱点ではないかと言われていたが、優れた工夫である。上層の柱の荷重はできれば同じ位置で下層の柱が受けるのが望ましい。しかし、天守の場合、上層にいくに従って平面が小さくなるので、理想通りにはいかない。熊本城宇土《うと》櫓・丸亀城天守・宇和島城天守は、松江

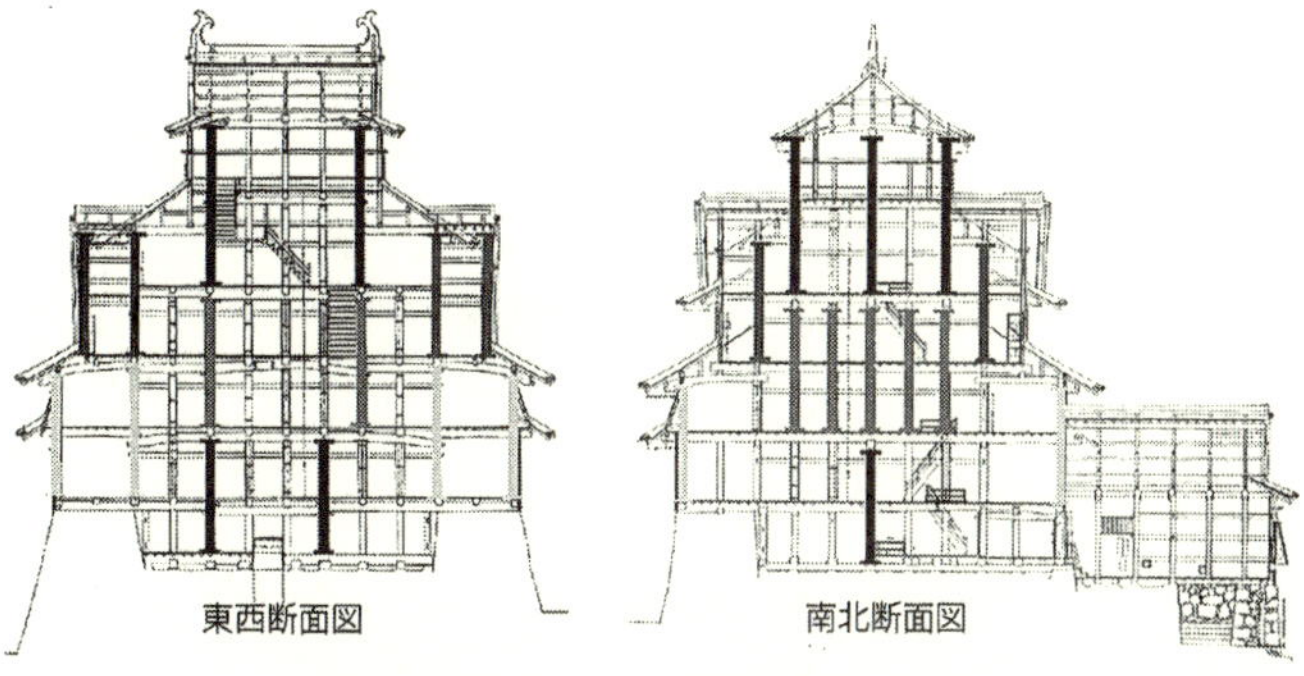

松江城天守の通柱（各階間の太い線）

城天守とともに構造をどうするか、困難な課題に取り組んだ工匠たちの苦労の結晶といえる。二階分の通柱をその位置を変えつつ、荷重を分散させる配置となっている。**文献88**の説明が分かりやすい。姫路城のように長大な柱を用意できなかったという事情もあったかもしれない。松江城天守は、熊本城宇土櫓と並んでこのような配置の最も早い例である。

天守建築にあたって、富田城から色々な資材を運んでいる。修理報告書に「地階大根太の木口《こぐち》に堀尾氏の紋章の中に富田城の富の字入りの刻印あるものが一本発見された。」とある。また、同報告書に、地階大根太及び柱の根元の一部用材に、水運の際筏《いかだ》に組んだと思われる筏穴《いかだあな》が存在していることが記されている。富田城が築かれたあたりの富田川（現飯梨《いいなし》川）は、川幅も広く中海《なかうみ》経由で松江に至るので、筏で用材他を運ぶことも可能であった。また、富田城の瓦と同笵《どうはん》のものが松江城で出土している。使える物を

富田城の二つの「富」字入り刻印（○内）がある大根太

転用することが常識であり、工事を円滑に進めるために重要であった。他の城でも転用例があり、近江国《おうみ》（滋賀県）彦根城の場合、前身天守（大津城天守の可能性が高い）を解体移築し、その部材を使って建てられたことはよく知られている。

③その他の特徴　籠城時の対策として、頑丈な扉・石落しと狭間《さま》・取り外しのできる階段・飲料用の井戸などがある。付櫓の入口は、観音開きの鉄板張りの扉が設けられ、東側の扉には潜戸が付いている。内側から閂《かんぬき》で閉じるようになっている。一～四階の壁面には狭間が設けられ、縦長の矢眼、方形の銃眼、四階には三角形のものもある。付櫓及び二階の壁面に沿って石落しが設けられ、各石落しをカムフラージュする形の壁となっている。各階段は、松製の中四～五階間を除いて桐製である。軽くて丈夫な桐製の階段は他に類例がないという。敵の侵入など非常時には、一～四階段を取り外せるようになっている。また地～一階間と三～四階間の階段を取り外すと、水平引き戸（各下階の天井を兼ね

3～4階の水平引き戸付階段

る）で閉じるようになっている。地階（穴蔵）のほぼ中央には、井戸（口絵の写真）が掘られている。深さ二四・二四ｍある。馬洗《うまあらい》池の水面に近いという。床《ゆか》より上は桶《おけ》状の井筒《いづつ》で、下は自然石を積み上げていて、二の丸の井戸に似ている。城郭外への抜け道と伝えられたりしていたが、飲料用である。解体修理の時、発掘されたが危険防止のため下の方は埋め戻された。現存一二天守のうち、天守内に井戸があるのは松江城だけである。なお、地階は塩などを保管するところでもあった。

④施工上の特徴　地～二階と三階より上の階を比べると、使用された部材・

4階の墨書番付

2階の彫り込み番付

柱・技術に違いがあるという。地～二階の部材は、古い様相を見せ、番付《ばんづけ》は彫り込みである。三階より上の部材は、製材されたものが多く番付は墨書である。柱の太さは、前者の場合平均して一尺であるのに三階の管柱《くだはしら》は九寸～一尺、三～四階の通柱は一尺、四～五階の通柱（四階分）は一尺となっている。五階の全柱は七寸角で最も細い。表面の仕上げも一・二階は丸太部分が残る点が三階以上と異なる。解体修理の現場主任であった井上梅三氏の資料に「…施工技術が全く違って（中略）技法が幼稚であり三階以上に比して、古い技である」としている。このような違いは、担当した大工・建築時期・社会的背景の相違などが考えられている。天守建築と同時に、他の建物建設も盛んに行われ、大工の交替があったとも思われる。

　かつて、一～四階の柱で、柱の周囲に松板を取り付けたものが寄木柱《よせぎはしら》と紹介されていた。板は鎹《かすがい》で固定され、幅六㎝内外の鉄輪を巻いたものである。当初からあったの

1階の包板柱

ではなく、創建後、次々に包まれたことが修理報告書から分かる。不良柱を板で包む体裁を重視したもので、若干の補強の意味もあったかもしれない。各階ごとの施工となる。包板柱《つつみいたばしら》と呼ぶことにする。

天守以外の建物　本丸には、前述した天守・櫓・多門・門・瓦塀のほかに御殿・御台所・番所・御薬屋があったとされるが、その実態は不明である。

＊1　バーチカルドレーン工法の一部で、軟弱な粘性土地の圧密を促進する工法である。軟弱地盤の圧密沈下には通常無処理の場合、一〇年から数十年かかるが、ドレーンを打設する事により、圧密沈下を促進させる事ができる。（日立建設株式会社ホームページから転載、表現は一部筆者が変更）

＊2　松平直政入国に随従して、藩のお抱え大工となった竹内家に伝わる手引書。右兵衛が寛永（一六二四〜四四）頃から書き始め、子孫によって書き継がれた。一七世紀末に成立したとみられている。城内の主な建物について、詳細な記録がある。

＊3　一辺〇・九㎝を一間とした、製作年代や作者不明の平面図。城内の建物が描かれている。本来、御作事所にあったと思われる。

＊4　トレンチによる発掘調査で、御殿跡の存在が判明した。建物は、竹内書付・縄張図記載のものに近いが、堀尾期城下町絵図とは一致しないようだ。

＊5　松江城天守の場合、南北両面にある破風付屋根は東西両側面に回っていない。南北は五重に見えるが、東西は四重であることによる。

五　城下町と松江城の完成

城下と城の完成

町の配置　いつの時代から呼ばれているか分からないが、北田川・四十間堀川・京橋川・米子川に囲まれた地域を内山下《うちさんげ》といい、武家屋敷の町であった。特に、北惣門橋の向かい側（殿町）に家老屋敷が置かれた。ざっと見ると、重要な人物の屋敷は殿町・母衣町に、中堅クラスの屋敷は内中原・南田町・北田町・奥谷（北堀を含む）に、中の下か下級クラスの屋敷は外中原に割り振られた。足軽の屋敷は、雑賀町に置かれたといわれているが、どうも、この頃は計画段階であったらしい。屋敷地を見ると、堀尾期は東西に長く、松平期は南北に長い。『雲陽大数録』に、「一、寛永十五戊寅頃まてハ、春日村田原谷、国屋村舎人坂の所に足軽町有之と古書に見へたり、…略…両所の足軽今の鉄炮町へ移ると見へたり」とあることから、足軽屋敷は、松平直政が松江に入部した寛永一五年（一六三八）頃まで田原谷（春日町）や舎人坂（国屋《くや》町）にあったが、その後、鉄炮町（雑賀町の一部）に移されたと考えられている。

天神橋《てんじんばし》・京橋《きょうばし》・筋違橋《すじかいばし》を渡った北詰に、ちょっとした広場が設けられていた。今は分かりにくくなったが、軍勢を集結させることができる広場で、勢溜《せいだまり》と呼んでいる。敵が攻めてきた時、迎え撃つことができるようにした広場のことである。京橋の例をあげると、勢溜の正面屋敷地に重臣を配置した。堀尾左兵衛（西側）は鉄炮三〇人、吉川猪之助（東側）は鉄炮二〇人を抱えていた。

城下の周辺や要所々々には、寺院を配置している。寺院は、軍勢を集結させ易い防衛施設でもあった。また、城下の道をよく見ると、鉤型路《かぎがたろ》、丁字路、袋小路《ふくろこうじ》や筋違橋など随所に設けられ、現在でもいくらかは残されている。

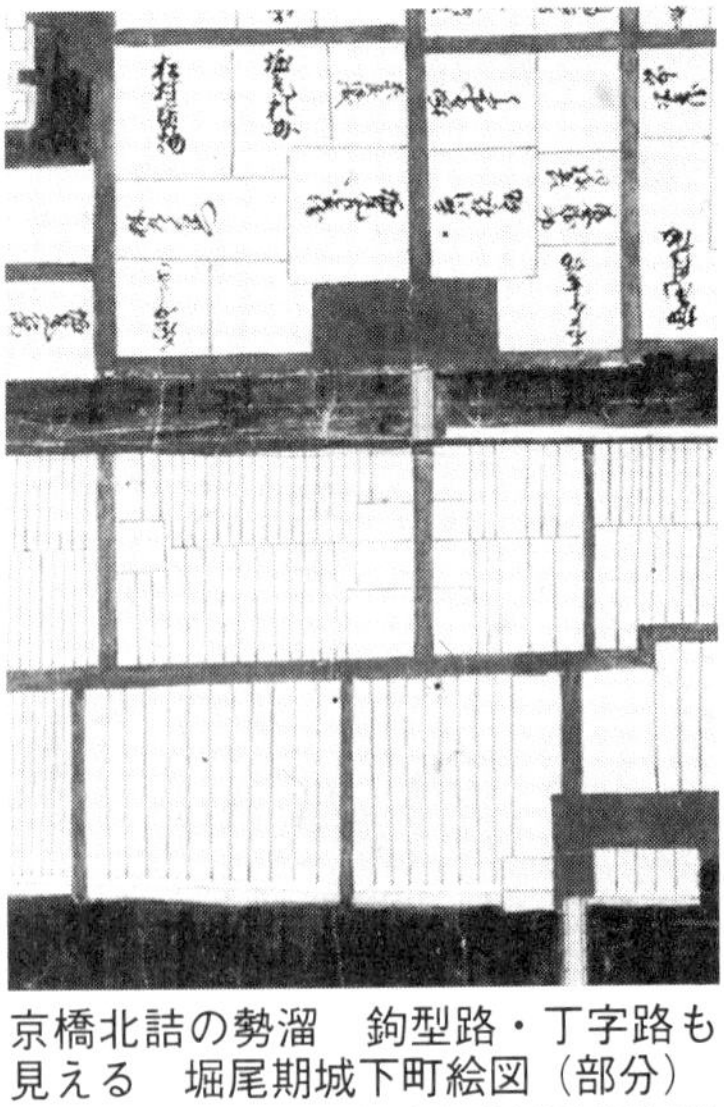

京橋北詰の勢溜　鉤型路・丁字路も見える　堀尾期城下町絵図（部分）
（島根大学附属図書館蔵）

東本《ひがしほん》町・米子《よなご》町・白潟本町などの町に町家が配置されている。商人とか職人は城下に集まった武士階級の生活を支える役割をもっていた。戦略上重要な地点には、配置されなかった。末次や白潟の地は中世以来、町人の町であったのをそのまま残した形となっている。

天守の完成とまつり　約四年の歳月をかけて、松江城はほぼできあがった。特に、天守は慶長一六年（一六一一）正月以前に完成し、祝う儀式が挙行された。

再発見された祈祷札　平成二四年（二〇一二）、行方不明であった祈祷札《きとうふだ》が再発見された。地階の二本の通柱に、この祈祷札が取り付けられていた痕跡があった。（口絵）向かって右側（東）の柱に「奉讀誦《とくしょう》如意珠経長栄処」、左側（西）の柱に「奉轉讀《てんどく》大般若経六百部　武運長久処」とある。両祈祷札に、慶長一六年正月とあることから、天守が慶長一六年の正月以前に完成していたことが判明した。勢力を誇っていた天台《てんだい》宗大山寺《だいせんじ》（鳥取県西伯郡大山町）や他寺院（松江市石橋町の真言《しんごん》宗千手院《せんじゅいん》か）の僧侶による祈祷が行われたと思われる。「奉讀誦如意珠経長栄処」は、如意珠経を読誦したことを示している。「奉轉讀大般若経六百部　武運長久処」は、大般若経六〇〇部を転読したことを示している。転読とは、端折ってところどころを読むことを指していて、建物の完成を祝う儀式で行われることが知られている。両札とも、杉材で、上部を山形に切り落とした尖頭型である。前者の表面は台鉋《だいがんな》、裏面は鑓《やり》鉋《がんな》仕上げで、後者は両面とも台鉋仕上げとなっている。

この札は、明和三年（一七六六）に書かれた『御城内惣間数《ごじょうないそうけんすう》』の貼紙に、天明七年（一七八七）には、一枚は四階に他の一枚は塩蔵（地階）にあったと記されている。長い間行方不明であった。この祈祷札再発見が、国宝指定の牽引力になったようである。

鎮宅祈祷札と鎮物　建物を建てる時の祈祷を「鎮宅《ちんたく》」という。鎮宅祈祷札には、梵字《ぼんじ》で真言（呪・密教でいう真実絶対の言葉）が書かれ、松江城天守には、四枚の祈祷札が残されていた。これは、長さ一八㎝、幅約九㎝の尖頭型で、釘穴二がある。二本の釘で取付けられていたことが分かる。

「八字文殊鎮《はちじもんじゅちん》」は、改築とか修理で使う真言といわれ、本来は円形であるが、松江城のこれは四角く書かれ、下中央から時計回りに進み最後に中央の字に至る。

「不動鎮宅真言」は、不動明王に唱える真言で内容は「暴悪の憤怒の相のあるものを祓いたい、祓ってください、全ての悪いものを破壊しなさい」といわれる。

「加護所住処真言《かごしょじゅうしょ》」は、これも不動明王にかかわる。何種類かあるものの一つで、

「不動鎮宅真言」とセットになるという。

「加護所住処真言」以外の祈祷札裏面に、取付け位置が書かれている。

修理報告書やその後の調査によると、天守地階の西南隅（裏鬼門）の大根太を受ける礎石下から鎮物《しずめもの》が出土したという。

槍は鉄製で、現存長六四・八㎝のものである。

木札（祈祷札）は、五片中の四片が残されている。墨書が残る。

鎮宅祈祷札

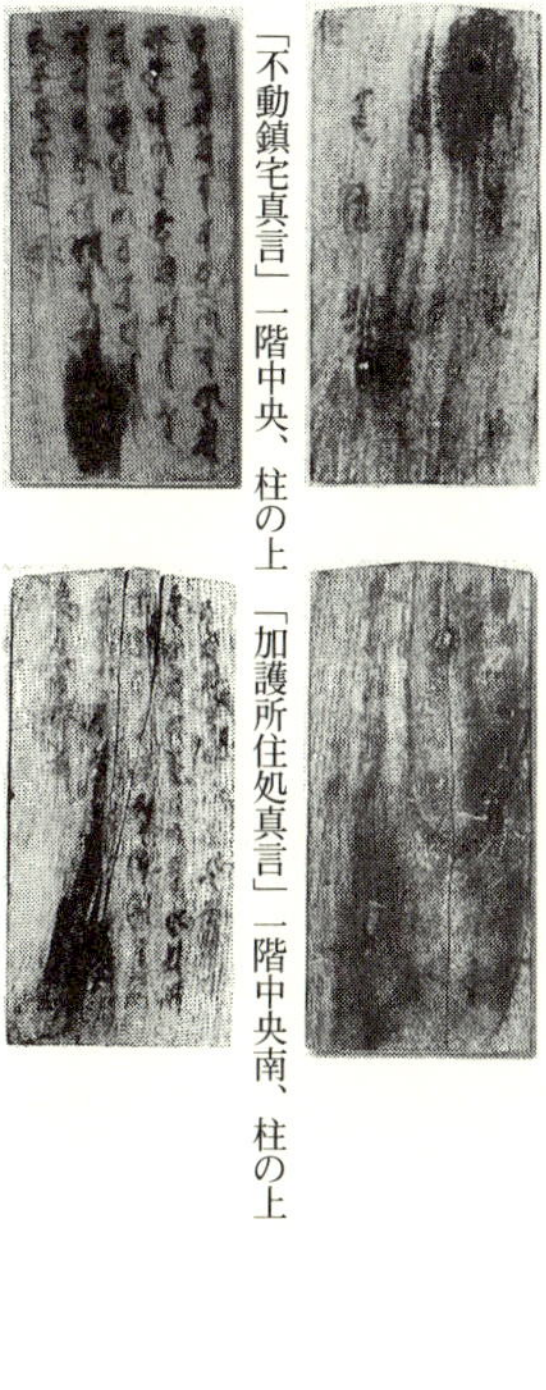

国宝　鎮宅祈祷札と鎮物（附指定　松江歴史館蔵）

「八字文殊鎮」三階北

「不動鎮宅真言」二階東、棟の上

「不動鎮宅真言」一階中央、柱の上

「加護所住処真言」一階中央南、柱の上

鎮物　鑓

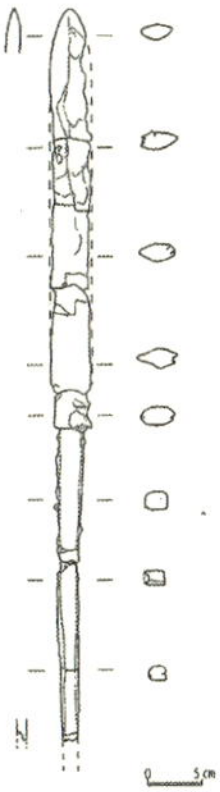

鎮物　木札（祈祷札）

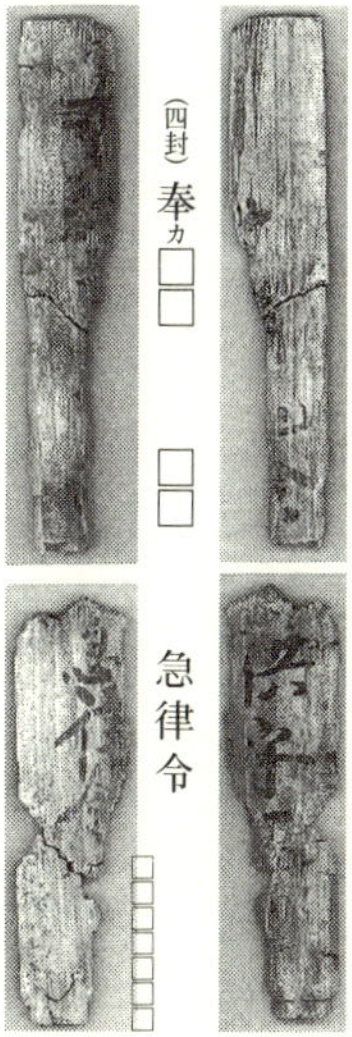

（四封）奉カ□□
□□
急律令
□□□□□□

□□
□□
□命カ
□供
守
□
□

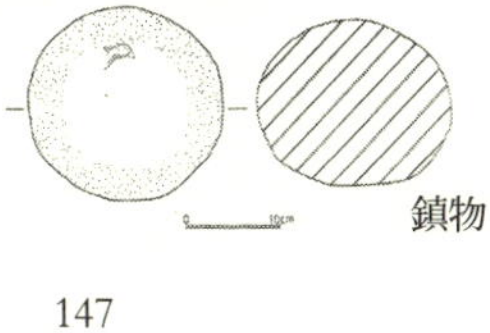

鎮物　玉石

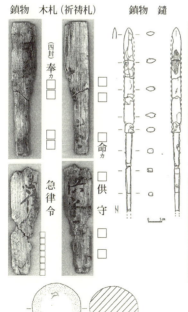

玉石は、大芦石《おわしいし》製で、梵字の墨書があったが、風化が激しく読めない。

以上、祈祷札他について述べたが、鎮物は天守築城の直前、地階の祈祷札二枚は完成後、鎮宅祈祷札は後の修理・改築された時のものである。

コラム　堀尾氏が頼りにした又六

初めての土地で何かを始めようと思えば、誰でも、信頼できる土地の人物が必要である。堀尾父子にとって、津田《つだ》の又六《またろく》はそのような人物であった。田中又六としても知られている。

又六は、富田の百姓であった。藩主忠氏と吉晴父子の新しい城地選定にあたって、出雲国内の案内役を勤めた。『東津田村又六旧記』に、次のように記されている。その一部の大意を紹介しよう。

一、私の先祖は富田に居住していた百姓でした。ある時堀尾忠晴様に気に入れられて、松江への移城の際に、城地選定に同行し、土地の様子をいろいろと尋ねられました。城が完成するまで、藩の築城の御用を命じられ、勤め上げたところ、工事の完成後、津田村へ移り住むことを命じられ、土地は望み次第で、屋敷の税は免除すると伝えられました。（後略）

（文献57より転載）

『千鳥城取立古説』にあった、堀尾父子間で新しい城地に対する意見交換をした元山《もとやま》

（床几山《しょうぎさん》）へ、又六が堀尾父子を案内したという。築城工事中の人夫繰り出し役を務め、作業現場付近で酒を安く提供した。この酒が「又六酒」と呼ばれ、士気を大いに高めたという。こうした築城にいたるまでの功績によって、津田村で好きなだけの屋敷地が与えられ、門前で参勤交代《さんきんこうたい》時の御目見《おめみえ》特権も与えられた。この特権は堀尾氏断絶後も幕末まで続いた。その「又六御目見場」も随分変わったが、一本の大榎木《えのき》が残っていて、往時を伝えている。

後の藩主松平直政は、入部後たびたび又六家を訪れ、昔話を聞いた。幕末の松江藩儒臣桃好裕《ももよしすけ》著『藩祖御事蹟《はんそごじせき》』に、直政の来訪が度重なって面倒になったのか居留守をつかったとある。「又六は芋《いも》の草を取りに出て内《うち》に居り申さゞる」旨申し上げることが毎度あった。直政は大いに笑い、「又六が芋の草で根が抜けぬ」と言って立ち去ったという。後に物の埒《らち》のあかないことを「又六が芋の草で根が抜けぬ」というように

又六御目見場の大榎木
（宍道正年氏提供）

なったと伝わる。

なお、文政一〇年（一八二七）九月、松平家九代藩主斉貴《なりたけ》が一三歳で初めてお国入りの頃、描かれた絵巻物『道程記《どうていき》』*1を見ると、郡村三〇以上の藩役人の役職名、町役などを勤めた約四〇名の名士、一八社の神職ら、総勢約一〇〇名の名を書いた付せんがお出迎えする場所に貼られている。津田又六の名も見える。事前に御目見を命じられていたことが分かる。

*1　「能義郡吉佐御境杭ヨリ三丸御門迄七里拾八丁三十六間」と書かれている。

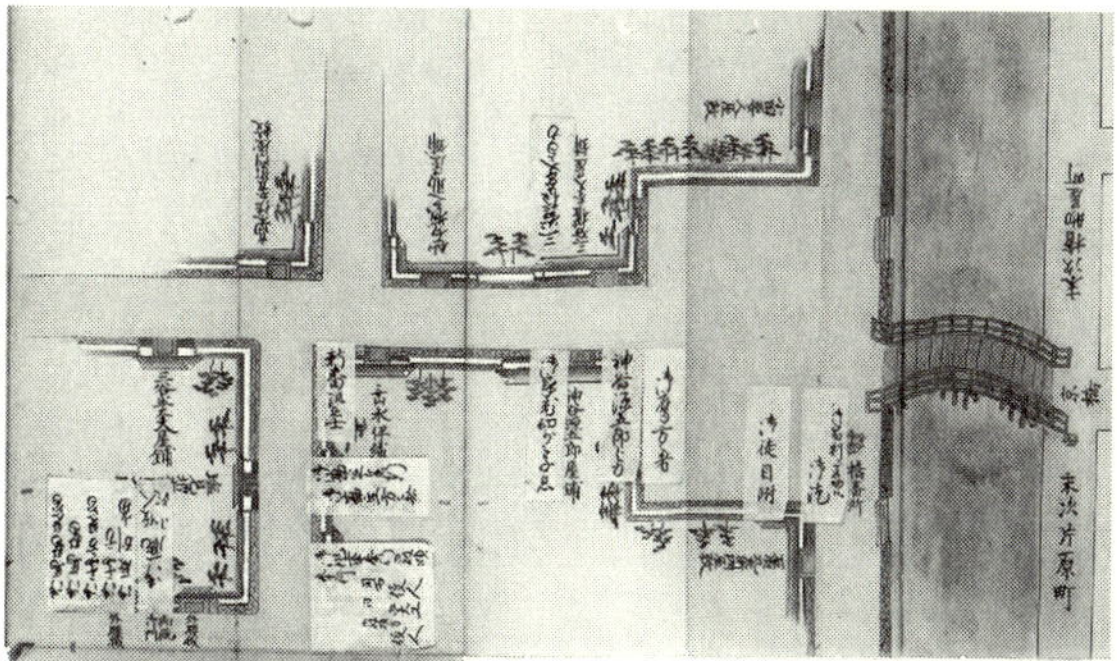

『道程記』（部分）
京橋から三の丸にいたる道筋。付せんに藩役人の役職名が書かれている　（松江歴史館蔵）

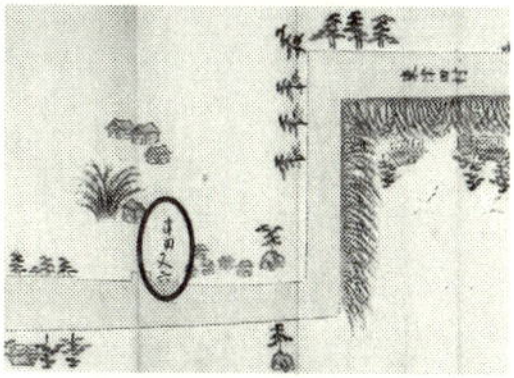

『道程記』（部分）
津田又六の名が見える（○印）
（松江歴史館蔵）

コラム　松江城の伝説

大正二年（一九一三）、高木敏雄氏が刊行した『日本伝説集』の人柱伝説中に「……堀尾氏が此城を築く時に、石を幾程入れて見ても、土台が固まらないので、人柱を立てる事に成つた。其頃、毎晩のやうに、城の傍を、美しい声で、歌をうたつて通る娘があつた。人柱の話がはじまると、間もなく、其歌が聞こえなく成つた。娘の柔らかい身体は、城の土台の下に、埋められたのである。今でも、普門院寺の傍を通つて、東北の謡曲を謡ふと、屹度その娘が出て来て、泣くさうだ。（清水兵三君）」とある。

また、現在よく聞く話に、「石垣が何度も崩れ落ち、天守台を組むことができなかった。工夫らが、人柱がなければ工事は完成しないと言い出した。そこで、盆踊りを行い、その中で最も美しく、踊りの上手な娘が選ばれた。踊りの最中に娘はさらわれ、事情も分からないまま埋め殺されたという。石垣は見事にでき上がり城も無事落成したが、城主堀尾氏が急死し改易となった。人々は娘の無念のたたりと恐れたため、天守は放置され荒れた。その後、松平氏の入城まで天守からはすすり泣きが聞こえたという。また、城が揺れるとの言い伝えで城下では盆踊りをしなかった。」

この言い伝えは、天守の東側直近の祈祷櫓《きとうやぐら》跡下の石垣と思われる。石垣が崩れたり、人夫が怪我をするなど奇怪なことが起こったのは、荒神を祀った榎木《えのき》の大木を切ったからであろうということになり芦高《あしたか》神社（松江市東出雲町）の宮司松岡《まつおか》兵庫《ひょうごの》頭《かみ》が占った。占いの結果、榎木の下に髑髏《どくろ》があるはずということになり、掘ったら実際に首の骨と槍が出てきた。その後、榎荒神は法吉《ほっき》山に移し、首は市成《いちなり》村に小祠を建てて祀りなおし、現地は清められたという。

祈祷櫓跡下の石垣　実際には明治以降の積み直しが指摘されている

このような伝説は、いつの頃から伝えられたものか分からないが、松江城とその周辺にも色々な言い伝えが残されている。小泉《こいずみ》八雲《やくも》（ラフカディオ・ハーン）の『怪談』に納められた「普門院付近の小豆《あずき》磨《と》ぎ橋《ばし》で杜若《かきつばた》という歌をうたってはならない。もし、歌うとそこに現れる女の幽霊が大変怒り、恐ろしい災いがおこる」というこの話は、高木氏報告（実際には『怪談』の発表が先）の話を基に創作したのであろう。

人柱に関する似たような話は各地にあるようだ。

丸岡城（福井県丸岡町）築城の時、天守台の石垣が何度も崩れて工事が進行しなかったので、人柱を立てることとなった。城下に住む貧しい片目の未亡人「お静」が、倅を武士に取り立ててくれれば人柱となると申し出た。その願いが受け入れられ、お静は人柱となって土中に埋められ、天守の工事は無事完了した。しかし、城主柴田勝豊《しばたかつとよ》はほどなく移封となり、倅の士分取り立てはなかった。それを怨んだお静の怨霊は大蛇となって暴れたという。毎年四月に堀の藻を刈る頃に丸岡城は大雨に見舞われ、人々はお静の涙雨と呼んだという。城内にはお静の慰霊碑が残る。

悲しいロマンチックな話であるが、これらの話全てを史実としてとらえるには問題がある。松江城祈祷櫓下の場合は、記録等も残っていることから、榎荒神などを移転させて祀ったこと自体はある程度史実として扱ってもよいかもしれない。この話が元になって、ギリギリ井戸の由来・前掲の天守の人柱伝説・このしろ櫓（祈祷櫓のこと）の由来などに変化独立した話ができたと考えられている。

Ⅳ　その後の松江

一　堀尾家の断絶

天守の完成から間もない慶長一六年（一六一一）六月一七日に、吉晴は六九歳で鬼籍《きせき》に入った。既に述べたように、堀尾家の重臣たちが、一三歳の若い藩主忠晴を盛り立てることを神仏に誓った『堀尾家家臣《かしん》起請文《きしょうもん》』の写しが残されている。また、本多正信《ほんだまさのぶ》と大久保忠隣《おおくぼただちか》から堀尾家重臣に対して書状が送られた。幕府は堀尾家の将来を心配し、幼少の藩主忠晴を守り立てるよう伝えている。大久保忠隣の子である石川忠総《いしかわただふさ》の妻は、吉晴の娘である。同一七年、将軍秀忠から忠晴へ出雲・隠岐両国の支配を正式に認めら

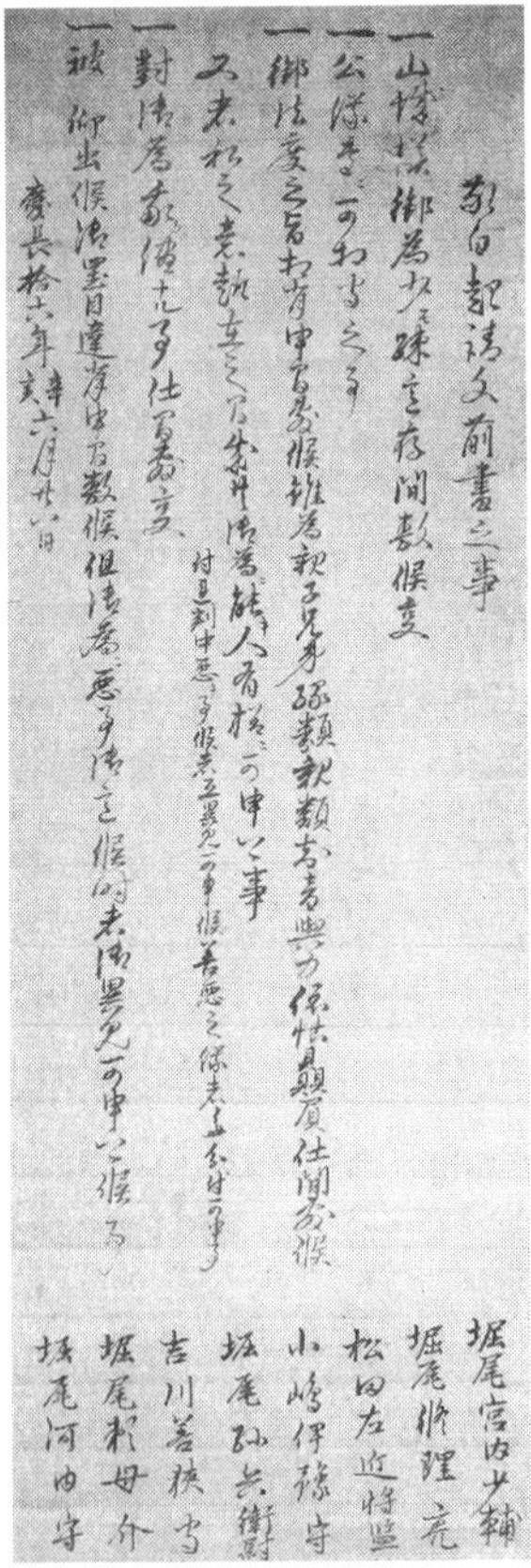

堀尾家家臣起請文
（安部吉弘氏蔵）

れ、この後、二九年間が忠晴の統治となるが、統治他に関することについては、既に述べたので割愛する。

寛永一〇年（一六三三）九月二〇日、忠晴が江戸の屋敷にて三五年の生涯を閉じた。七日後、小姓の松村監物《まつむらけんもつ》が忠晴の跡を追い、殉死している。死後も仕える忠臣として、忠晴とともに肖像画に描かれている。亡骸は、養源寺《ようげんじ》（東京都文京区）に埋葬された。

忠晴と松村監物
表装には、忠晴の袴《はかま》の裂地《きれじ》使用という
（松江市・圓成寺蔵）

忠晴の健康状態は、すでに八月には思わしくなかったようである。忠晴は、死去する前の九月一四日に、幕府の中心人物である三人の年寄酒井忠世《さかいただよ》・土井利勝《どいとしかつ》・酒井忠勝《さかいただかつ》に書状を送り、自分の死後の堀尾氏について願いを出している。この中で雲隠《うんいん》（出雲・隠岐）両国の返上を申し出ているのが興味深い。藩主が病死直前に領地返上を申し出ることは珍しくなかったようで、見返りとして家名存続などを願った。忠晴の書状は、領地返上に続けて、家名を継ぐ人物に、石川廉勝《いしかわかどかつ》*1をあげ、廉勝に子ができたら継がせてほしいと願い出ている。

幕府内には、堀尾氏の存続を認める動きもあったが、次のような決着がついた。『徳川實記』に、「忠晴に子があれば封地を伝えることもできるが、家を継ぐ子がなく、その上、死に臨んで、領国を返し納めると申し出ているので、雲隠領国を収公する。しかし、寛永一〇年の収入については遺臣に下されることを伝えた」とある。前年の正月に、政治の実見を握っていた大御所《おおごしょ》徳川秀忠が死去してのち、将軍職を継いだ家光《いえみつ》は強硬《きょうこう》な姿勢で政治にあたっていた。肥後の加藤清正《かとうきよまさ》の子忠宏《ただひろ》を改易し、寛永一〇年三月には筑前黒田《くろだ》家のお家騒動《そうどう》に処分を下し、一二月には弟徳川忠長《ただなが》を自害させている。堀尾氏の改易はこのような状況下のことであり、不運であったと考えられている。

また、『堀尾古記』から、次のことが分かる。

残された家臣らは、酒井忠世や井伊直孝《いいなおたか》・土井利勝・酒井忠勝といった幕府の中心人物や、石川忠総《いしかわただふさ》・奥平忠昌《おくだいらただまさ》ら縁戚の大名と協議し、国元へ連絡するなど緊迫し、かつ、あわただしかった。九月一一日に、揖斐伊豆《いびいず》・堀尾但馬《ほりおたじま》・久徳内膳《きゅうとくないぜん》が松江を発ち、同二六日江戸へ帰着した。一〇月一一日に江戸を出発し、同二九日に松江に着いた。一一月三日には、堀より内の武家屋敷を明け渡した。

筆者が担当した、武家屋敷跡の発掘調査で、この頃のものと思われるごみ穴を検出した。短期間に、さまざまな物を捨てていた。中には、当地方ではかなり高級で手に入りにくい陶器が完全に近い形で出土した。屋敷を明け渡すために、急いで処理したのではないだろうか。

『堀尾家記録』から、その後の状況が分かる。忠晴の死から五か月後、堀尾家の旧臣一〇名が幕府の老中に対して、堀尾氏代々の忠節を述べた上、堀尾の名が断絶しないよう願い出ている。その約五〇年後、忠晴の曾孫にあたる石川式部《しきぶ》（勝明《かつあき》）が堀尾姓を名乗ることが許され、堀尾氏は復活した。しかし、式部は元禄元年（一六八八）、子のないまま死去してしまい、堀尾氏は再び断絶した。

＊1　忠晴の娘婿。

二　京極氏の時代

寛永一一年（一六三四）、京都で京極忠高《きょうごくただたか》は将軍家光から、出雲・隠岐二六万四二〇〇石を拝領した。家光は太政大臣叙任のため上洛中であった。忠高は八月七日に松江城に入り、居城とした。

忠高は、鉄穴流しの停止の項で述べたように、土木巧者であった。斐伊川の二か所（出雲市と雲南市）や伯太川《はくたがわ》（安来市）の土手修築工事が名高く、後世、この土手は官名「若狭守《わかさ》」にちなんで若狭土手と呼ばれている。松江城下でも、数々の工事を行っている。『寛永年間松江城屋敷町之図』（以下、京極期城下絵図）と堀尾期城下絵図を見比べると、内中原では、行き場のない堀が埋め立てられ道となっている。城下町造成で湿地帯を埋め立てたため、しみ出る水をためる目的で掘られていたが、水流がないので不衛生になっていたのを解消するためと思われる。

忠高は七名の相撲取りを百〜百八十石取りの

京極忠高肖像（部分）
（滋賀・清瀧寺徳源院蔵）

家臣として抱えていた。このうち、鈴木《すずき》庄左衛門《しょうざえもん》は、次期藩主松平直政の家臣としても、引き続き抱えられている。単に相撲を取るばかりでなく、江戸御供番・大目付として七〇〇石の禄を給されている。京極家の力士は、従来からの家臣が多かった。井口《いのくち》・三方《みかた》・多胡《たご》などは近江・若狭時代からの家臣であった。

この頃は、町の四つ角や広小路で行われる辻《つじ》相撲や寺社境内での勧進《かんじん》相撲は禁止されていたが、大名が屋敷内で相

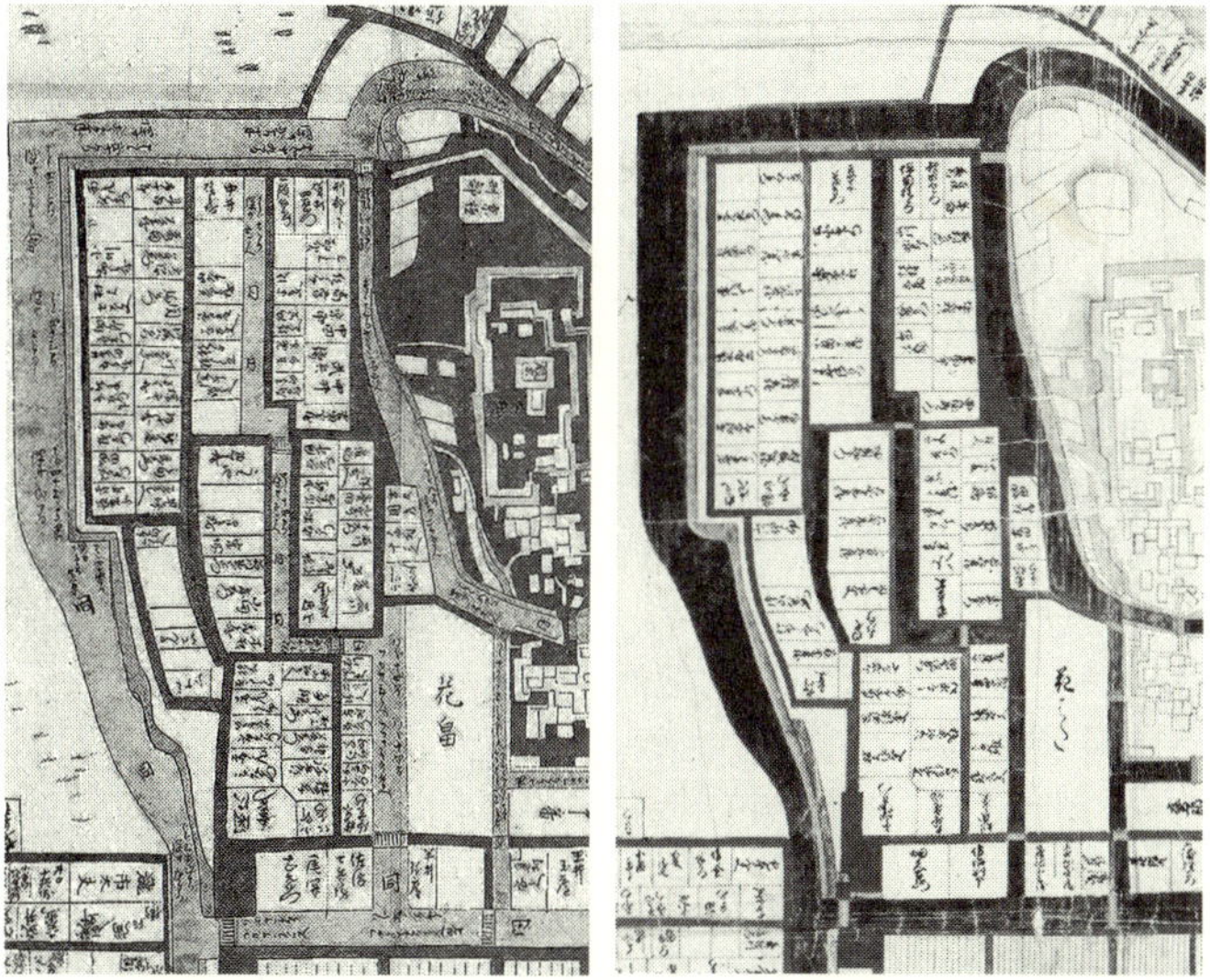

埋め立てられた内中原の堀（右図の左から2本目の堀が左図では道になっている）
右：堀尾期城下絵図（部分）（島根大学附属図書館蔵）
左：京極期城下絵図（部分）（丸亀市立資料館蔵）

撲を取らせ、それを座敷から見て楽しむのは許されていた。忠高の相撲好きが、雲州相撲の始まりといってよいかもしれない。

寛永一四年（一六三七）六月一二日、江戸にて忠高は死去した。四五歳であった。松江藩主になってから三年しか経っていない。嗣子がなく、堀尾家に次いで京極家も断絶という状況であった。忠高は、弟高政《たかまさ》の子高和《たかかず》を養子にしようと考えていたが、京極家の家名存続については、なかなか結論が出なかった。そのうち、一〇月一四日に高和が江戸に下ってきた。家老の佐々九郎兵衛《さっさくろべえ》は、内々に高和が養子になっていたことを幕府老中に訴えたが、なかなか問題は解決しなかった。

一二月二二日になって幕府の決定が下された。忠高の跡目として高和を認め、播磨国《はりま》龍野《たつの》六万石（兵庫県たつの市）へ転封《てんぽう》というものであった。通常、末期《まつご》養子は認められないが、大幅に石高を減らされたにしても、高和の相続が認められたのである。その後、京極氏は、播磨国龍野から讃岐《さぬき》国丸亀《まるがめ》へ転封となり、幕末まで続くことになる。丸亀城も、松江城同様に創建当時の天守が残っている。

三　松平氏の時代

寛永一五年（一六三八）四月一三日、松平直政《まつだいらなおまさ》は親藩《しんぱん》大名として松江城に入った。幕府が出雲に親藩を置いたのは、東の鳥取藩池田《いけだ》氏（外様《とざま》大名）、西の長州藩毛利《もうり》氏（同）、南東の岡山藩池田氏（同）、南の広島藩浅野氏（同）などに睨《にら》みをきかせるためであった。島原の乱のくすぶりが残り、翌一六年にキリスト教禁令とポルトガル船来航禁止令を出し、鎖国体制の完成に向かう時期であったことも影響したのであろう。

直政以降、明治維新まで松平氏による統治は一〇代続くことになる。これまで、直政については若干ふれているので、以下、七代藩主治郷《はるさと》と一〇代藩主定安《さだやす》について略述しよう。

松平治郷　明和元年（一七六四）、江戸城初登城し、一〇代将軍家治《いえはる》に謁《えっ》し、「治」の字をもらい治好《はるたか》と名乗り、次いで治郷と改めた。一四歳で世子《せいし》となり佐渡守に叙任されたが、一七歳で襲封し出羽守となった。同六年、国主として初めて入国した。翌年八月、朝日丹波郷保《あさひたんばさとやす》が引退を願ったが、親しく優しく諭《さと》して承認しなかった。郷保は感泣し、古希に近い老躯《ろうく》をささげ、国事に努めると誓った。

郷保を中心とした政治改革のグループを「御立派《おたては》」と呼び、彼らの政治を「御立派政治」とか「御立派改革」と呼んでいる。御立派政治の第一歩は、藩邸の綱紀粛清《こうきしゅくせい》であった。江戸屋敷の納戸金《なんどきん》に目をつけ、冗費《じょうひ》・冗員《じょういん》を省いて、権門《けんもん》への不時の贈り物を廃止した。利息の生じる借金を廃止するなど、江戸でのすべての節約を脇坂十郎兵衛《わきさかじゅうろべえ》の辣腕《らつわん》に託した。十郎兵衛は近習頭として仕置役を兼ね、六代藩主宗衍《むねのぶ》の命により世子の傅役《もりやく》を勤めていた。厳格な人柄で、鑓《そう》術に秀でていた。十郎兵衛の同役に赤木数馬《あかぎかずま》がいて、藩邸内で青鬼・赤鬼といわれ、諸士に畏敬《いけい》され、綱紀粛清に適していた。江戸御入用費の大幅削減に成功し、のちには、支出を三割台に抑え込んだ。

実際の「御立派政治」には、借金の返済と人員整理・銀札（藩札）通用の禁止・大庄屋の更迭《こうてつ》・藩内借金の棒引き・農を去り商に就くことの禁止などがある。特に、大坂の蔵元《くらもと》ら債権者にこれまでの返済違約について謝罪した上で、今後の返済方法を談判した。それまでに累積した借金は、『出《で》入《いり》捷覧《しょうらん》』*1によると約五〇万両であった。談判の結果は、「借金の利子等を除き、元金だけを七〇年間の分割払い」とする。その代わり、「年貢米取扱いについては、特権を与える」というものであった。松江藩は、その後七四年にわたって返済し続け、天保一一年（一八四〇）に完済している。

郷保は、倹約ばかりでなく、事業の推進にも努めた。斐伊川《ひいかわ》（出雲市）の改修他の事業を行った。河川工事に賃金を支払うなど、それまでと異なる対策をとった。郷保引退後は、家老三谷権太夫《みたにごんだゆう》が佐陀川《さだがわ》（松江市）の開鑿《かいさく》を行った。

佐陀川の開鑿にあたって、中心となったのは、清原太兵衛《きよはらたへえ》であった。太兵衛は農家の生まれであったが、土工と水利に明るいのを見出され、寛保二年（一七四二）松江藩に仕えた。事業に着手したのは、天明五年（一七八五）三月、七四歳の時であった。大変な難事業で、日夜寝食を忘れて工事にあたったが、川開きの式典を前にして病に倒れた。七六歳であった。この事業の結果、それまで度々松江を襲っていた洪水の心配がなくなった。また、堤防の両側に田地ができ、新しい川は船の通路となって便利になった。

寛政八年（一七九六）、一般の暮らし向きが贅沢《ぜいたく》になるなど御立派政治の崩れが懸《け》念《ねん》されるようになってきたので、治郷は直《じき》捌《さばき》を明らかにして親政を始めた。まず自らの膳部を節約し、奥向きの諸費を減らし、

清原太兵衛像

勤勉で倹約であることに努めた。ロシア船の来航に対して唐船番《とうせんばん》を沿岸に配置するなどの軍備や、諸生産の奨励もした。中でも、小林如泥《こばやしじょでい》の木工芸、小島漆壺斎《こじましっこさい》の漆芸品は著名である。親政は、文化三年（一八〇六）三月の隠居まで続いた。

治郷は、若い時から禅と茶の道を愛した。松江で茶の道が盛んなのは、治郷の残してくれた文化を市民が愛しているからである。和菓子の生産も盛んに行われている。隠居して、「不昧《ふまい》」と号した。江戸で悠々自適、禅と茶の世界に暮らすことになる。

引退後、二度玉造温泉入湯のため帰国したのを含め、生涯一一度、出雲へお国入りしており、歴代藩主の中で最も多く帰藩している。引退の三年前、享和三年（一八〇三）に相対替《あいたいがえ》で入手した江戸の大崎下屋敷（品川区北品川）に移った。その後、次々と周辺の土地を手に入れて、広大な屋敷地とした。西から北にかけての高台部分に、回遊式の庭園がつくられ、茶室（御茶屋）が点在している。園内の茶室は一一か所に置かれ、それぞれ松瞑《しょうめい》・爲樂庵《いらくあん》・窺原《きげん》・簇々閣《そうそうかく》・眠雲《みんうん》・富士《ふじ》見台《みだい》・一方庵《いっぽうあん》・清水茶屋《しみずちゃや》・紅葉台《もみじだい》・独樂庵《どくらくあん》・利休堂《りきゅうどう》

松平不昧肖像（部分）
（松江市・月照寺蔵）

と名付けられていた。そのうち、独樂庵は千利休が京都の宇治田原につくった茶室で、大坂から移築させている。不昧は特に独樂庵・爲樂庵を愛したという。寛政九年から没前年の文化一四年（一八一七）にいたる一一年間に、二〇〇回前後の茶会を催している。諸侯・茶人・俳人・骨董商人が参加している。

松平定安　松江藩松平家の一族である美作《みまさか》国津山《つやま》藩主松平斉孝《なりたか》の子済三郎《せいざぶろう》は、九代藩主斉貴《なりたけ》の養子となり、直利《なおとし》と改名した。嘉永六年（一八五三）一〇月二七日に襲封の手続きが終了し、直利は一九歳で一〇代藩主となった。一二月一日、家督御礼のため出仕し、初めて将軍家定《いえさだ》に謁した。一五日には月次《つきなみ》の初登城をした。二三日、従四位下に叙せられ、侍従に任じられ、家定の「定」の字をもらい、改めて出羽守定安《さだやす》を称した。

定安は、幕府の賜暇《しか》*2を得て、同七年正月一四日、

雲州公大崎別業真景図巻の独樂庵（部分）
伝谷文晁筆（松江歴史館蔵）

江戸を出発し、二月八日に初めて入国、城内三の丸に入った。

ペリーが浦賀に来航するなど、風雲急をつげる情勢下にあって、幕府の命による国防と長州戦争に駆り出されることになる。

寛永一〇年（一六三三）の第一次鎖国令以後、大型船の建造は絶えていたが、ペリー来航以来、その必要性が痛感されるようになっていた。幕府も「……方今の時勢により大船の製造を許さるる間、……船数とも委しく伺出、指揮を受くべし」と令するほど、大船建造について、緩《ゆる》やかになっている。文久二年（一八六二）、定安は江戸在勤の執政朝日《あさひ》千助《せんすけ》重厚《しげあつ》に「……外では異国船がのさばり、内では各藩が警戒し、攘夷《じょうい》が天下の世論となっている。我が領内には海辺が多い。また、隠岐は絶海の孤島で、殊に後鳥羽上皇の御陵がある。汽船のような便利な船がなければ、これを守ることができない。汽船を購入し、海防の策を立てようと思う。しかし、費用は決して

松平定安肖像
（藤間亨氏蔵）

安くない。汝、諸士と協議して、藩財政を検討の上、購入の可否を検討せよ」と命じた。重厚は、この命を受けて諸士と協議し、「近年支出は多いが、海防は我が藩のためだけではなく、皇国の急務である。資金は、藩政改革に努めて冗費を節減すれば、購入は容易である」との結論に達した。その結果、代表二人が長崎に赴き、米国人所有の英国製鉄艦ゲゼール号と米国製木艦タウタイ号を買い求めた。鉄艦を「第一八雲丸《やくもまる》」、木艦を「第二八雲丸」と名付けた。全国でも薩摩《さつま》藩（鹿児島県）に続いて、長州《ちょうしゅう》藩（山口県）・紀州《きしゅう》藩（和歌山県）とともに早い時期の軍艦購入であった。

　斉貴の洋学奨励・擁護の考えは、定安にも引き継がれていた。同二年、江戸藩邸内に「西洋学校」を開設したりしている。翌三年には、松江で英語とオランダ語の授業を「洋学所」で開始させた。定安は、カリキュラムに儒学・洋学・軍学・数学及び剣・鑓《やり》・弓馬等の諸学問や諸技を採用し、文武学芸を併せて日常の実務に役立て、和漢の長所を取り入れ折衷調

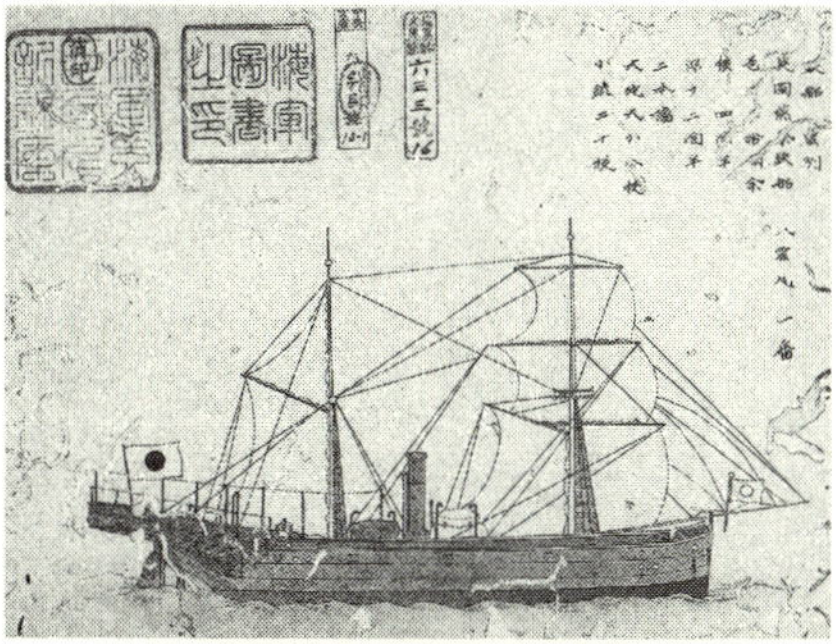

明治維新当時諸藩艦船団
八雲丸一番（東京大学駒場図書館蔵）

和させ、この時勢に応じたものにしようとした。後に、藩校「修道館」となる。ずっと後のことになるが、松江から、梅謙次郎（法学）・瀧川亀太郎（漢学）・北尾次郎（数学・物理学）・若槻礼次郎（政治家…首相経験者）・岸清一（国際弁護士・スポーツ功労者）など多くの学者や知識人が輩出したのも定安の考えと無縁ではあるまい。

良いことばかりではなかった。明治維新後の慶応四年（一八六八）正月五日、朝廷は西園寺公望《さいおんじきんもち》を総督《そうとく》として山陰道鎮撫使《ちんぶし》を出向かせた。この鎮撫使から、定安は疑いをかけられ、二月一三日、謝罪四か条のうちのいずれかを以て謝罪するよう突き付けられた。

その内容は、

一、雲州半国朝廷へ返上

一、重役の死を以て謝罪

一、稚子入質

一、勅使を国境へ引き受け、勝敗決し候上謝罪

であった。定安留守中の藩で協議した結果、家老大橋筑後の切腹で謝罪することにしたが、その後、不審は晴れたので寛大に処するという書面を交付された。定安から何の報告や謝罪もないので、帰洛の上、別の処分をすることになったと付け加えてあった。と

にかくこの件は落着した。この騒ぎについて、付随する逸話*3があるが、割愛する。

同年六月一七日、朝廷は諸藩の献言を入れて、版籍奉還《はんせきほうかん》を聴許《ちょうきょ》した。公卿《くげ》・諸侯の称を廃して華族《かぞく》と改めた。翌一八日、定安は他の藩主とともに参内《さんだい》の上、松江知藩事に任命された。旧領地一四万五三四〇石の一割、一万四五三四石が家禄として給された。

八月九日、松江に帰城した定安は、直ちに諸般の改革に着手した。公廨《こうかい》（役所）と私邸を分離して、東京赤坂上屋敷を松江藩邸と定めた。松江城三の丸を退き、そこを公廨に当て、乙部九郎兵衛《おとべくろべえ》及び朝日千助重厚の屋敷に移った。松江城三の丸の公廨は、のちに朝廷の命により藩庁と称するようになった。現在の島根県庁である。

明治四年（一八七一）七月一四日、天皇が正殿に出て、在京*4七六藩の知藩事に廃《はい》藩置県《はんちけん》の証書を与えた。この日をもって知藩事を免ぜられ、直政以来二三三年の松平氏による治世は終了した。松江藩は、松江県となり、一一月には、松江・広瀬・母里の三県を廃して島根県とし、出雲・隠岐の二国を管轄下に置いた。

東京貫属《かんぞく》を命ぜられたので、九月七日、定安は松江を発ち上京した。士卒及び僧侶らおよそ二千人が、国境吉佐《きさ》（安来市吉佐町）まで送り、別れを惜しんだという。一六日、神戸に着き、そこからアメリカ船に乗り、一九日に横浜に着き、この日、神楽坂の新邸に入った。

＊1　明和四年から天保一一年にかけて七四年間の年々の出納を記した、松江藩の複雑な財政収支書である。安澤秀一氏がコンピュータの導入により解析している。

＊2　参勤中であるため、入部のための旅行許可を得たと思われる。実際には、一月一四日から四月八日までの短期間のことであった。

＊3　安来市出身の永井瓢斎《ながいひょうさい》作『鎮撫使さんとお加代』が大阪中村座で上演され、大当たりをとったといわれる。永井瓢最は、朝日新聞の「天声人語」を一〇年間担当した人物である。

＊4　明治元年七月一七日、江戸を東京と改称。同二年には東京奠都《てんと》がなされている。定安は在国であったため、東京在勤の大参事乙部誠が代わって参内した。

四　何度も修理された松江城

松江城天守は、創建時の姿をそのまま残しているわけではない。

『藩祖御事跡』によると、松平直政に従って来た竹内右兵衛《たけうちうへえ》について「…松江城天守がその時荒廃し全体に傾斜しているのを知り公に上申し、その修理を命ぜられたので実地を実測し、その雛形《ひながた》を製作し修理に当った…」とある。築後約三〇年で天守は傾いていたことになる。そのような天守を直すのは大修理であり、素人目には解体でもしないかぎり不可能のように思われるが、修理の実態は不明である。右兵衛が作ったと伝わる天守雛形があるが、最近これはもっと後の時代のものであろうと言われている。現天守とほぼ同じ構造であるが、高さを強調したもので、平面と立面で縮率《しゅくりつ》が違う。

記録された修理　城郭の修理にあたっては、幕府の許可が必要であった。延宝二年（一六七四）の『出雲国松江城之絵図』[*1]及び元文三年（一七三八）・安永七年（一七七八）の石垣修理伺いの絵図（一三四ページ）が残されている。絵図以外の記録に、天隆《てんりゅう》公《こう》（松平家六代宗衍《むねのぶ》）年譜の元文三年三月一一日の項に、「…是日告月相府以雲藩松江城天守逐年損至五層皆朽故漸新修之」とある。

松江城天守は、昭和二五年（一九五〇）から五年間かけて解体修理が行われた。修

伝竹内右兵衛作松江城天守雛形
（松江城調査研究室提供）

理報告書に、修理に関する墨書の一覧が掲載されている。その内、付櫓破風の懸魚鰭《げぎょひれ》で発見された「延宝四年卯月□□」「大工□左衛門」とある墨書は一六七五年のことで最も古い。

　墨書内容を年代順にまとめると、築城後六四～八九年の延宝・元禄の頃に部分的補修が認められ、さらに下って一二六～一三二年の元文・寛保の頃は発見された墨書が最も多い。この年代には相当の補修があったと見え、修理報告書に「建物の耐久的年数から考えてもさもあるべきことと想像される…」とある。次に、築城後二〇四年を経過した文化一二年に五重東棟の修理、二五九年を経過した明治三年に三重屋根の修理が行われている。定安が知藩事の時であった。廃藩置県の政治的大変革によっ

推定明治25～27年頃の松江城天守
（松江市蔵）

て、天守及びその他の建物はあまり修理されなかったようで、当時の写真で分かるように相当荒廃していた。明治二七年（一八九四）に、天守の大修繕が行われているが、その記録等は残されていない。

墨書が発見されたのは、四・五階が最も多く、三階以下は比較的少なかったことから、上層部の修理が主であったと推測されている。

これらの修理によって、創建当時に比べると変更されたと思われることがいくらかある。その主なものについて紹介しよう。

破風と屋根　初重の東西両面に千鳥破風の痕跡があった。修理報告書に「元文の古絵図には千鳥破風があり、念のため現在の実則図にこれを当てはめてみたが、千鳥棟としては取合が悪いが、若しこの所に千鳥があったとすればそれは軒千鳥破風であったであろうが、資料が乏しく結論を得るに至らなかった。」とある。

五階の全柱は上部が短縮され、少なくとも

元文3年の城郭図に見える松江城天守　この絵には、二重に破風がある
（松江市歴史館蔵）

五～六寸が切下げられ、天守全体が低くなった可能性がある。三～四階東西両側面の中央部（破風の部分）の内側の状況から、当初は一尺六寸ほど内側に妻部《つまぶ》があったのではないかと考えられている。修理報告書に、南北張出の破風は「妻立位置より二尺五寸外部にあり形式が違っている」とある。江戸時代の技術書『愚子見記《ぐしけんき》』に天守は恰好が大事で、破風は通常より大きくし、破風板の反りは上程反らすべきであるとしている。**（文献74）**松江城天守もこの考えに影響されたかもしれない。

階段の位置　修理報告書は、一・二・三階の階段口左右の床梁に、根太彫《ねだぼり》がしてあり釘跡が残っているので、一度床張りをした後、階段を架設するため根太を取り外し、階段口を変更し原位置に架設したとしている。三階以下の階段は、後年のものとしている。

厠と人質蔵　竹内書付および『御天守組立絵図』[*2]によると、一階の西南隅に南北二間・東西一間を間仕切りしてこの一画が便所となっている。箱便器が置かれたと推定されている。しかし、この位置は壁に鉄砲狭間が設けられている。狭間の機能を無視した形である。全国的に、天守に便所の置かれた例がなく、後年の施設かどうか正確な資料を得ることはできなかったという。解体修理の時点では既に撤去されていたが、柱に鴨《かも》居《い》他を取りつけた痕跡が残っていた。

また、同史料に、北西隅に四間×二間の「人質蔵」と称する一室が記されている。柱には、敷居を取りつけた痕跡が残っていたが、その他の部材は撤去され痕跡を失っていた。しかし、現在は展示物があるため、便所や人質蔵の跡を確認することはできない。後年の施設としても、直政の入部した寛永一五年（一六三八）にはあったと思われる。

四階の東西両側には、二階からの大屋根直下に張出部が設けられている。床が一段低い（深さ約四八㎝）部屋で、竹内書付をみると、西側張出部は二室に分けられ、その南側に箱便器らしきものが描きこまれている。

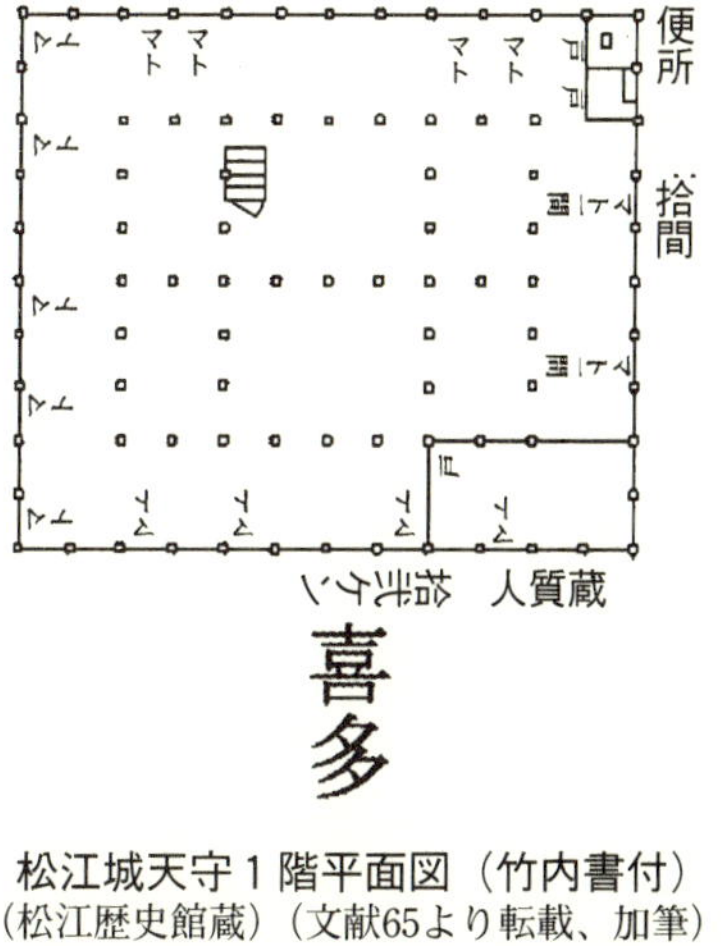

松江城天守１階平面図（竹内書付）
（松江歴史館蔵）（文献65より転載、加筆）

今に伝えられた天守との違い　伝竹内右兵衛作松江城天守雛形も細かく見ると、創建当時や現在の天守と異なる。この雛形と現天守の正面図を比べてみると、雛形の二階大屋根の先端がより内側にあって、しかも棟の位置が低いように見える。つまり、破風が今より奥にあって小さかったことになる。また、雛形の二階大屋根の棟と三~四階南北張出屋根の棟に勾配がつき、先端が下がっている。現天守の棟は水平であるが、少し離れて見ると、二階大屋根の棟は先端がこころもち高く見え恰好がよい。修理報告書記載の「四重東南隅」の墨書に「御奉行　竹内佐助……御大工、斎田彦四郎……四月九日…」とある。『松江藩列士録』*3 等から延享三~四年（一七四六~四七）頃と推定されている。わざわざ御作事所の奉行・大工名が記されていることから、この頃の修理が注目されている。三階より上の大改造は、一八世紀中頃に行われたといえよう。竹内書付が記された以降も、何度も修理が行われている。三階の包板柱の一つに「享保四年（一七一九）亥十月」の墨書がある。享保三年に斎田《さいだ》彦四郎《ひこしろう》によって、天守

松江城天守正面図（文献7より転載）

の雛形（所在不明）が作られているが、これと現存雛形や現天守との差が興味深い。

創建当時の壮麗な天守　平成二九年（二〇一七）、新たな見解が発表された（文献87）。一三六ページで少しふれたが、創建当初の天守にはもっと多くの破風があったようだ。天守内部に残る部材取付の痕跡（貫《ぬき》跡）や絵図とか昭和の解体修理時の記録写真から、東西初重の上（二階部分）には比翼《ひよく》千鳥《ちどり》破風《はふ》（二つ並んだ千鳥破風）があったと考えられる。四階にも絵図のような唐《から》破風があった可能性がある。正保（一六四四〜四八）期に描かれた「出雲国松江城絵図」の天守にそっくりである。ただし、この絵図の二重上（三階）の千鳥破風と南面（正面）二重上（三階）の比翼破風は確認されていない。修理で新材に変えられていたので痕跡を認めることが出来なかったようである。

幕府に提出した「出雲国松江城絵図」の松江城天守がどこまで正確に描かれた

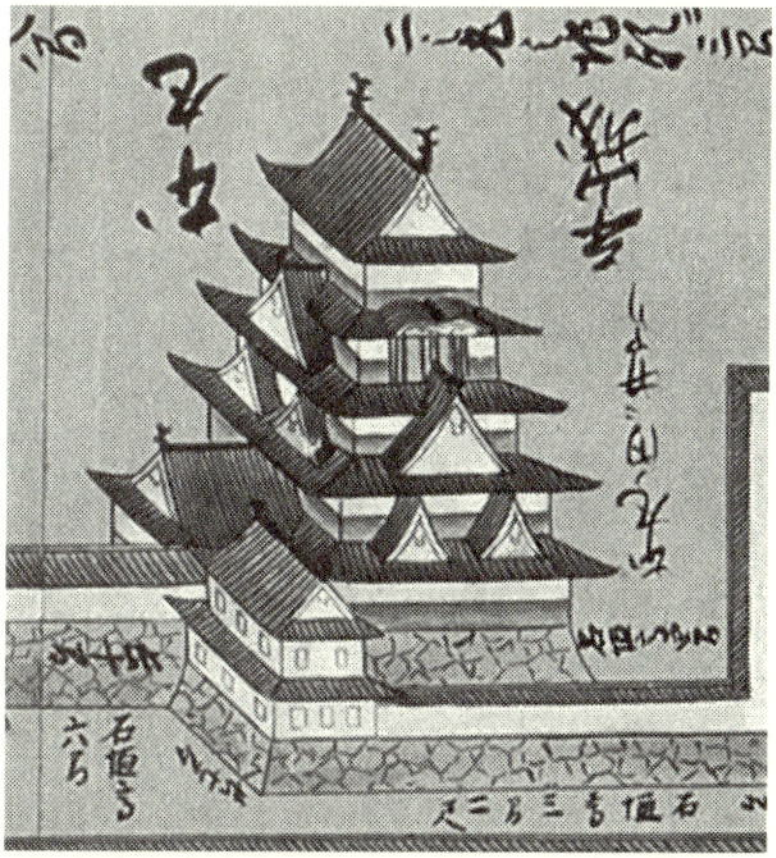

創建当初の天守はこうだったか
「出雲国松江城絵図」部分（重要文化財）
（国立公文書館蔵）

かは分からないが、初期松江城の天守概観は現在と異なっていたと思われる。現在の姿になったのは、残された他の絵図や文献とか、その他の記録等から元文三年（一七三八）より寛保三年（一七四三）にかけてのことと推定され、前述した三階より上の大改造時にあたる。

財政逼迫の影響で、壮麗な天守を維持するのが困難になったからであろうか。

＊1　大手虎口の石垣と上御殿の修理伺い。

＊2　文久元年（一八六一）の文字が記された折り畳み図。

＊3　松平家歴代家臣の勤務記録を記載した簿冊。家別に、初代から明治二年までの代々当主の賞与・昇進・叱りなどが書かれている。

V

堀尾氏関係の遺跡を歩く

富田城の周辺

堀尾氏は、本拠地を富田城から松江城に移し、町ぐるみと言ってもよいほどに寺社をはじめとする各施設なども移した。従って、富田城以外に堀尾氏時代の遺跡をさがすのは困難である。さらに、寛文六年（一六六六）の豪雨により富田川（飯梨川）は流路をかえ、当時の城下町は流され埋まってしまった。富田城を見学したい方は、城下に立った時、現在の川が、もっと西寄りの丘陵直下付近を流れていたと想像していただくとよい。

なお、堀尾氏関連の墓所については、次の項で紹介する。

松江城と周辺

松江城については、既に多くを述べたので、城内については主な散策コース毎に視点を変えて、周辺については内堀（北堀川を含む）の周囲の情景を紹介する。

大手木戸門→本坂→二の丸→本丸コース

大手木戸門から馬溜《うまだまり》を経て大手門に至る。馬溜は、枡形《ますがた》虎口《こぐち》となっていて、ここで上を見上げると、二の丸の高石垣の上に復元された櫓《やぐら》三棟と瓦塀が見える。石垣の高さに圧倒され、石垣構築技術の確かさに驚かされる。ただし、堀尾時代の石垣は隠れた部分しか残っていないので、大半が修復されたものである。

木戸門から右に折れて進むと大手門跡に至る。ここを通過して、左斜め上を見上げると、天守が見える。樹木繁茂のため一部しか見えないが、本来は見応えのあるものだったに相違ない。惜しい気がする。大手門跡の奥に見える広場は、二の丸下の段で、ここの高石垣直下の石をよく見ると、刻印のあるものが多い。この石垣は、築城当初のものが残っていると思われる。

大手門跡から左に曲がって見える幅広の石段が本坂である。ここをゆっくり左右を見ながら上がるとよい。中腹の右側に火点があり、ここに、堀尾家の紋章である分銅紋を刻んだ石が集中している。

本坂を上がりきって、左に進むと、三ノ門に至る。目の前に広がる場所が二の丸である。馬溜から見上げた櫓の中に入ることができるので、中を見学されることをお勧めする。

三ノ門からまた右に折れて少し進み、二ノ門を通過して、石段の所でまたまた右に折れて上がり、途中の踊り場で左折すると一ノ門に到達する。なお、二ノ門通過後、直進すると、長い階段を経て後曲輪に至る。

一ノ門を通過すると、本丸である。本丸に至るまで、何回も門を通過したり、道を曲がったりしなければならない。戦国武将のつくった城であることを体感できる。

本丸では、やはり天守に上がっていただきたい。他の城郭とちがうことを実感していただきたい。本丸の北側にある北ノ門から、降りると水ノ手門を経由して、馬洗池に至る。

北惣門橋→搦手虎口之門コース　北惣門橋を通過して、脇虎口之門から搦手《からめて》虎口之門に至る道は、物資輸送の幹線道路であったと思われる。北惣門の西側にある小規模な枡形虎口を過ぎると、左手が二の丸下の段である。今は松の植栽があるが、大きな構築物がなく、復元表示された米倉跡の基礎部分と井戸がある程度の公園なので大手門跡までよく見える。右手には、北堀川沿いに組まれた高石垣内側の土手が見える。高石垣はこの部分までで、この先は堀沿いの石垣はない。高石垣の続きに土塁が築かれている。石垣と土塁の上に折塀があったことが絵図から分かる。しかし、この土塁と折塀も、途中までである。

道は、なだらかな坂となっている。途中で、本丸方向の道との分岐点がある。分岐点の手前南側の石垣に、「安永八」と刻まれた石（一三四ページ）がある。是非ご覧いただきたい。分岐点の西側に、馬洗《うまあらい》池があり、ここから水ノ手門を経て本丸北之門に行くことができる。現在は、馬洗池の横を南へ直進することができるが、かつてはどうなっていたかよく分からない。

土塁の切れた部分に下御殿《しもごてん》跡があり、江戸時代後半代頃には、木綿・煙草・薬用人参等の商品作物等の研究・普及を目的とした「木苗方《きなえがた》」が置かれていた。

峠付近南側は、上御殿《うわごてん》跡で現在は護国神社が鎮座している。上御殿の反対側は、城山稲荷神社である。

坂を下って行くと、搦手虎口之門跡に至る。途中、左手に折れる道があるが、江戸時代にはどうであったかよく分からない。搦手虎口之門跡から、左右両側に散策路が設けられている。搦手虎口之門跡を通過すると、稲荷橋が架かっていて城外と繋がっている。搦手虎口之門や橋については、絵図に見るのみで実態は不明である。

御廊下橋→後曲輪→二の丸西之門コース

三の丸（現島根県庁）に繋がる千鳥橋を絵図で見ると、屋根付の御廊下橋であった。

堀沿いに散策路を北へ進む

土塁の間に舟着門が置かれた（北から）

と、後曲輪に至る。後曲輪の堀沿いには土塁が残っている。その土塁は途中が切れていて、舟着門《ふなつきもん》（灘門）跡となっているが、堀尾期城下絵図には門が描かれていない。松平氏の時代に設けられたのであろう。この舟着門から東へ進むと、長い石段があり、二の丸の西之門に至る。

大手木戸門→城山東堀川沿い→塩見縄手→内中原コース　大手前から北へ堀沿いに進むと、堀の対岸は高石垣となっている。平成一二年（二〇〇〇）一〇月六日、当地方を襲った地震で崩壊したため、災害復旧事業が行われた。南側部分が修理されている。従って、新しい石垣のようにも見える。この石垣を対岸から望遠レンズでみると、刻印が見える。望遠レンズ付きのカメラや倍率の高い双眼鏡をお持ちの方は、ご覧いただきたい。一三二ページの図はこの石垣である。

城山東堀川の高石垣（南から）

しばらく北へ進むと、北惣門橋の前に着く。この反対側は、家老屋敷群跡で、現在松江歴史館がある。

城山東堀川と北堀川の合流地点付近に宇賀橋が架けられているが、これは江戸

堀川遊覧船の運航する北堀川、右手が塩見縄手（東から）

時代になかった。橋を渡って左手が塩見縄手と呼ばれる。堀沿いに松の木があるが、大半は昭和三〇年代の植栽で、江戸時代のものは二本位と思われる。北堀川は、内堀と外堀を兼ねていて、幅が広い。高石垣が一部に築かれているだけで、あとは土手のままである。しばらく堀沿いに西へ進むと、右手の住宅地が少し高くなり、低丘陵がせまっている所に来る。このあたりは、城郭建設で苦労した所と伝えられている。『島根県史九』によると、堀の幅平均三五間、道路と屋敷地を加算すると全幅五〇間、長さ一三〇間に及んだという。一間＝一・八mで換算すると、川幅は六三m、道路及び屋敷を含めた幅は九〇m、全長二三四mとなる。また、土量三万立方坪（一八万㎥）の掘削土で、南・北田町と中原の沼沢地を埋め立てたとある。

　堀が左に大きくカーブするあたりの右手に、史跡小泉八雲旧居と小泉八雲記念館がある。明治二三年（一八九〇）に来日し、松江の尋常《じんじょう》中学校と尋常師範《しはん》学校で英語を教え、市民から愛された小泉八雲（ラフカディオ・ハーン）が住んだ屋敷である。世界に日本、特に出雲の文化を伝えた人物で、『知られぬ日本の面影』・『怪談』他多数の作品が有名である。旧居の庭に、脇虎口之門にあったと思われる鯱瓦《しゃちがわら》（一二七ページ）が置かれている。恐らく幕末頃のものであろう。

堀に沿って進むと新橋《しんばし》に至る。この橋は、堀尾・京極時代にはなかった。松平時代の中期頃に架けられたと思われる。次に見える橋は稲荷橋《いなりばし》で、搦手虎口之門の前にあたる。堀沿いに進むと、花畑跡脇を通ることになるが、江戸時代の面影はない。島根県立図書館脇の幅広の道は、かつて堀であったところを埋め立ててできた道路である。各城下絵図と見比べると分かる。県立図書館の前を通って緑樹《りょくじゅ》橋《ばし》を渡ると、三の丸である。堀尾期城下絵図で分かるように、緑樹橋から少し北へ寄った部分に助次橋《すけじばし》が架けられていた。今も、橋をかけた元の位置に石垣が残っている。

堀尾家の寺院と墓所

堀尾家の墓所や供養塔のある寺院は、各地にあるので地域毎に紹介する。

安来市広瀬町

堀尾忠氏墓所　忠氏の遺体は、忠光寺《ちゅうこうじ》（広瀬町富田新宮）に葬られたと伝えられている。明治の頃まで大きな墓石があったと伝えられるが、今はない。発掘調査の結果、北に伸びる丘陵の先端を削って一辺約一三mの平坦面を造成し、西・北・東側には最大高さ三mの石垣を巡らしている。埋葬したと思われる部分は掘り下げていないが、御霊屋《みたまや》があったと推定されている。忠氏の墓所として、他に松江市の報恩寺《ほうおんじ》と京都市の春光院、和歌山県の高野山にある。堀尾期城下絵図に、後世松平家の菩提寺となる位置に「忠光寺」が見える。忠晴の時代に、富田から松江に移されたとも考えられる。

上：富田城古絵図（部分）忠興寺とある（安部吉弘氏蔵）
下：伝忠氏墓所

堀尾吉晴墓所　堀尾家の菩提寺睡虎山巖《いわ》倉寺《くらじ》（広瀬町富田）は、真言宗の古刹で本尊の木造聖観音像と脇侍帝釈天立像は

上：巌倉寺　下：吉晴墓所

国の重要文化財に指定されている。吉晴夫人の祈願によって建立された逗子《ずし》の棟札《むなふだ》に、「大工、長谷川若狭守　石州住人、光井宗五郎　遠州住人」とある。松江城建築にあたって、石州（石見国）と遠州（遠江国）から大工が来たことが分かる。吉晴の偉業を長く伝えるため、松江城建築に携わった大工に、逗子建立を命じたと思われる。

墓石は、来待石製の高さ三・〇一mという堂々たる五輪塔である。

親子観音　堀尾氏の出雲入国で述べたように、堀尾勘解由の墓所もしくは供養塔が富田城内にある。（六〇ページ）親子観音《しんしかんのん》と呼ばれている。富田城山中御殿平から、少しばかり本丸方向に進んだ道の脇に存在する。来待石製の石龕《せきがん》中に宝篋印塔《ほうきょういんとう》を納めたものである。詳細は省略する。

松江市

圓成寺　忠晴の墓所が、鏡湖山圓成寺《きょうこざんえんじょうじ》（松江市栄町）にある。圓成寺は、臨済宗妙心寺の末で、吉晴が、富田の城安寺《じょうあんじ》を荒隈《あらわい》山の地に移して龍翔山瑞應寺《りゅうしょうざんずいおうじ》を建立し、遠江国浜松の天徳寺から春龍《しゅんりゅう》玄斎《げんさい》を招いた。忠晴の没後、京極忠高によって、現在地に移され、忠晴の戒名から採り「圓成寺」と改号した。

本堂の柱などは、富田城の建物の一部を使用したと伝わる。本堂の鴨居に堀尾氏の家紋《かもん》抱冥加《だきみょうが》・分銅《ふんどう》・六目結《むつめゆい》がある。本堂の前には、春龍が紫衣《しえ》の勅許を賜った時、勅使がくぐった勅使門がある。

墓所は、来待石製の高さ二・一六mの五輪塔である。地輪の正面に、六目結紋と「圓成寺殿神儀《えんじょうじでんしんぎ》」（忠晴の諡《おくりな》）が見える。また、境内に春龍の墓所もある。無《む》縫塔《ほうとう》形式のものである。

上：圓成寺本堂　手前は勅使門
下：忠晴墓所

報恩寺　養龍山報恩寺《ようりゅうざんほうおんじ》（松江市玉湯町）は、松江城の裏鬼門にあたり、長松院《ちょうしょういん》が梵鐘《ぼんしょう》を寄進するなど堀尾氏と関わりが深かった。『雲陽誌』によれば、江戸初期はその山内に一二坊の塔頭《たっちゅう》をもち宍道湖岸に威容《いよう》を誇る大寺であった。

本堂の後に、堀尾民部の墓所または供養のための石龕があり、宝篋印塔が納め

上：堀尾民部の墓所または供養塔
下：伝忠氏墓所または供養塔

られている。また、本堂左手前には忠氏の墓石塔あるいは供養塔と伝えられる高さ二・五五ｍの宝篋印塔がある。

雲南市三刀屋町

道安寺　道安寺（三刀屋町給下）の石龕は、吉晴の弟堀尾掃部《かもん》とその子修理《しゅり》のものと伝えられ、殿様墓と呼ばれている。家臣の中では、六五〇〇石という最高の待遇を受け、城下の最東端（松江市南田町）に広大な屋敷地があった。

道安寺の殿様墓

掃部は、出雲入国後三刀屋城を与えられていた。掃部父子は三刀屋城下にあった道安寺に葬られ、石龕だけが伝わる。

京都市右京区

春光院　妙心寺の塔頭春光院《しゅんこういん》（花園妙心寺町）は、吉晴が、長子堀尾金助を小田原の戦いで失ったので、その菩提を弔う

上：春光院山門
下：堀尾家墓所

ため、天正一八年（一五九〇）に建立した寺と伝わる。初めの寺名は金助の戒名「逸岩世俊禅定門」に因んだ俊巖院《しゅんがんいん》であったが、寛永一三年（一六三六）に春光院と改称された。吉晴の娘こやが嫁いだ石川家歴代の石塔もある。堀尾家断絶後の春光院は、石川家によって保護されてきた。

　本堂裏の墓域に、御霊屋と供養塔あるいは墓碑などの石塔群がある。堀尾一族の石塔群のほとんどは松江市産出の来待石製のものである。

和歌山県伊都郡高野町

高野山奥の院　弘仁七年（八一六）弘法大師空海が修行の場として開いた聖地で、標高約八〇〇ｍの平地には「壇上伽藍」と呼ばれる根本道場を中心とする宗教都市が形成されている。山内の寺院は高野山真言宗総本山金剛峯寺《こんごうぶじ》をはじめ百か寺に及ぶ。

　奥の院には、弘法大師の御廟と灯籠堂があり、その参道脇に、皇室・公家・大名などの墓所があり、近世大名の巨大な石塔が並ぶ。

　奥の院の参道に面した幅約一〇ｍ、奥行約九ｍの平坦面の奥に堀尾家墓所があ

高野山奥の院の堀尾家墓所正面奥側と左側面に堀尾家の石塔が並ぶ

る。堀尾家に直接かかわりのない石塔もある。宝永四年（一七〇七）の『奥絵図』には、「堀尾山城守」として正面に鳥居を配し、玉垣に囲まれた墓所が描かれている。寛政五年（一七九三）の『高野山奥院総絵図』には、「堀尾山城守先祖」として、同じく鳥居を配し、玉垣に囲まれた墓所が描かれている。恐らく、近代以降に、何らかの理由で現在のような配置に整理され、約一〇m×約九mの平坦面が当初の墓域であったと考えられている。

東京都文京区

養源寺　白崋山養源寺《ようげんじ》（千駄木）は、京都妙心寺の末で、春日局の子息・稲葉丹後守正勝が開基、正勝の手習師範だった秀嶽和尚が開山となり、慶長一二年（一六〇七）湯島天神下に創建、明暦の大火により当地へ移転したという。

忠晴夫妻、采女、式部、忠晴に殉じた松村監物の墓所がある。

上：養源寺 本堂
下：堀尾家墓所

堀尾氏の略年表

和暦	西暦	主なできごと
天文一二	一五四三	御供所村に堀尾泰晴の子、吉晴が生まれる。幼名仁王丸（後に、小太郎、茂助）と名付けられる。
永禄二	一五五九	泰晴・吉晴父子、牢人となる。
永禄七	一五六四	茂助（吉晴）、木下藤吉郎配下となる。
天正五	一五七七	茂助の子、忠氏が生まれる。（異説あり）
天正一〇	一五八二	天王山の戦い 秀吉より、丹波国氷上郡に領地六二八四石を与えられる。
天正一一	一五八三	茂助、若狭国高浜城主（一万七千石）となる。大名となる。
天正一三	一五八五	茂助、若狭国佐柿城主（二万石）となる。 茂助、近江国佐和山城主（四万石）となる。
天正一八	一五九〇	吉晴、遠江国浜松城城主（一二万石）となる。
慶長三	一五九八	吉晴、中老となる。 秀吉、死去。

慶長四　一五九九　吉晴、忠氏に家督を譲る。家康から、吉晴に隠居料として越前国府中城（五万石）を与えられ、留守居役となる。
忠氏の子、忠晴（三之介）が生まれる。
慶長五　一六〇〇　吉晴、三河国池鯉鮒で、刃傷事件に遭遇する。
忠氏、関ヶ原の戦いに徳川方として参戦する。
忠氏、出雲・隠岐二四万石を拝領。吉晴・忠氏父子、富田城に入る。
慶長七　一六〇二　この年に検地を始めたと思われる。
慶長八　一六〇三　隣藩米子城へ出兵する。
幕府から、新城地移転の許可を得る。
慶長九　一六〇四　忠氏死去。富田の忠光寺に埋葬されたという。三之介が襲封。
こや（おかう・於古屋）死去。
慶長一〇　一六〇五　吉晴・三之介、伏見で将軍秀忠に拝謁する。
大久保長安より、出雲大社造営の下知状が届く。
慶長一二　一六〇七　松江城築城工事に着手する。

慶長一三　一六〇八　吉晴、松江に越す。
慶長一五　一六一〇　翌年にかけて、出雲大社の遷宮が行われる。
　　　　　　　　　　三之介、将軍秀忠の養女ビン姫を娶る。
慶長一六　一六一一　天守完成を祝う儀式挙行。
　　　　　　　　　　三之介、江戸で元服。叙爵して山城守忠晴となる。
　　　　　　　　　　吉晴、死去。富田巌倉寺に埋葬。
慶長一七　一六一二　忠晴、将軍秀忠から出雲・隠岐両国の支配を正式に認められる。
慶長一九　一六一四　忠晴、大坂冬の陣に参戦する。
元和元　　一六一五　忠晴、大坂夏の陣に参戦する。
元和二　　一六一六　菱根新田の開発を開始する。
元和三　　一六一七　隠岐で、百姓目安事件が起こる。
元和五　　一六一九　忠晴、広島城受け取りの検使役を務める。
元和六　　一六二〇　忠晴、大坂城修理にあたる。
寛永九　　一六三二　忠晴、伊勢亀山城を丹波亀山城と勘違いして天守を撤去したという話がある。事実か否か不明。幕府の謀略説もあるようだ。

寛永一〇　一六三三

忠晴、江戸で死去。嗣子がなく、堀尾家断絶。約五〇年後に、忠晴の曾孫石川式部が堀尾姓を名乗ることを許されるが、式部にも嗣子がなく、元禄元年（一六八八）、再び断絶。

用語解説

合坂階段（あいざかかいだん）向かい合うようにして設けた階段。

相対替（あいたいがえ）拝領地（屋敷）どうしの交換で、現在の用語では等価交換にあたる。

穴太衆（あのうしゅう）近江国穴生《あのう》（滋賀県大津市穴太）には、石垣専門の石工が多くいた。彼らを穴太衆と呼んでいる。吉晴らが長浜城や安土城を築いた時も活躍している。この時の実績で、吉晴は石工頭二人を高額で召し抱えた。

安堵（あんど）所有権・領有権・知行権などを確認あるいは承認すること。

遺構（いこう）大地に密着した人為的な痕跡。土地を加工した跡や、設置した施設跡のこと。建物跡・城跡・石垣・土坑など様々なものの総称。

石落し（いしおとし）石垣を伝って侵入する敵を防ぐための施設。ここから、石を落としたりするなどして敵の侵入を防ぐ。

一国一城令（いっこくいちじょうれい）江戸幕府初期の大名統制策。元和元年（一六一五）、武家諸法度で発令。一領国一城ということで、諸国大名の多くは居城以外はことごとく破城した。特に、中国・四国の大名に対して厳しかった。

諱（いみな）死後にいう生前の実名。貴人の実名を敬していうこともある。

裏鬼門（うらきもん）鬼門と反対側の方角で、未申《ひつじさる》（坤…西南）の称。（参照　鬼門除け）

裏込め（うらごめ）石垣の裏側に石を詰めること。

大手（おおて）城郭の表口。

大海崎石（おおみざきいし）松江市大海崎町産の角閃石《かくせんせき》粗《そ》面安山岩《めんあんざんがん》。やや赤みを帯びたものが多い。

御種人参（おたねにんじん）薬用人参とか、朝鮮人参といわれるが、将軍徳川吉宗から「御種」を頂戴したという意味をもつ。生の人参を乾燥させたものを白参《はくさん》、蒸して乾燥させたものを紅参《こうさん》という。現在は松江市八束町（中海の大《だい》根島《こんしま》）で生産されている。

大芦石（おわしいし）松江市島根町大芦産の花《か》崗閃緑岩《こうせんりょくがん》。

鉤型路（かぎがたろ）道を前進し交差点に来ると、行き止まりに見えるが、鉤型にずらしてあって、どの方向にも行ける道。

火点（かてん）本来は機関銃座のこと。松江城の場合、本坂脇の台状石垣に塀をめぐらし狭間を設けた施設。

火灯窓（かとうまど）上が狭く、下が広い窓。禅宗建築とともに伝えられた。

搦手（からめて）城の裏手・裏門。

瓦塀（かわらべい）瓦をのせた厚みのある頑丈な塀。矢狭間・鉄砲狭間を設けたものが多い。横矢をかけやすくした、屏風のように折れ曲がったものを折塀《おりべい》という。

貫属（かんぞく）東京府など自治体の管轄に属すること。

来待石（きまちいし）松江市宍道町来待産の凝灰質砂岩。

鬼門除（きもんよけ）陰陽道《おんみょうどう》で鬼が出入りするといって嫌う艮《うしとら》（東北）に何らかの対策をとること。松江城本丸の艮方向は、多門や櫓がなく瓦塀となっている。

管柱（くだばしら）通柱と異なり、中途で桁などで中段された柱。

曲輪（くるわ）城内で区画された小区域。本丸・二の丸・三の丸等。郭の字をあてることもある。

懸魚（げぎょ）破風につける装飾。棟木・桁の先端を隠す。

桁行（けたゆき）建物の桁（垂木を受ける材）

の通っている棟方向。

現存一二天守（げんそん一二てんしゅ）創建当時の姿を何等かの形で残す天守をいう。北から順に見ると、弘前城・松本城・丸岡城・松江城・犬山城・彦根城・姫路城・備中松山城・丸亀城・松山城・高知城・宇和島城がある。

公廨（こうかい）役所のこと。

国人（こくじん）在地に経営基盤をもち、村落を支配した領主。

虎口（こぐち）城郭の出入り口。

木口（こぐち）木材の切り口面

石盛（こくもり）反当りの基準生産高。

五輪塔（ごりんとう）石造塔婆の一つ。下から四角・円・三角・半円・如意珠形の五輪を積み上げ、地・水・火・風・空の五大を表し、梵字が刻まれることが多い。

狭間（さま）城郭の塀や壁面に設けた攻撃・防御用の小窓。矢狭間・鉄砲狭間がある。

算木積（さんぎづみ）石垣の隅石を組む時、長めの切石や切石に近い角石を用いて、石の向きを互い違いにする積み方。井桁《いげた》積とか井楼《せいろう》積ともいう。

参勤交代（さんきんこうたい）参勤とは、大名が一定期間江戸に出仕すること。交代とは、領地につくこと。関ヶ原の戦後、外様大名の江戸参勤が増加した。家康は、参勤する大名に屋敷地を与えて妻子を居住させることを勧めた。寛永一二年（一六三五）に制度化し、同一九年には譜代大名にも参勤を義務づけた。参勤交代による大名の出費は大きく、大名統制のねらいもあった。

直捌（じきさばき）藩主が直接政治に携わること。

仕口（しくち）木材を接合する時の、継手・組手を切り刻んだ面。

四神相応（ししんそうおう）四神に相応した最

も貴い地相。東（左）に流水があるのを青竜、西（右）に大道があるのを白虎、南（正面）に沢畔《たくはん》があるのを朱雀、北（後方）に丘陵があるのを玄武とする。

下見板張り（したみいたばり）横方向に板を一部重ねながら置き、その上から縦方向の細い角材を並行させて打ち付ける。塀の腰に用いることが多い。

島石（しまいし）堅硬多孔質の玄武岩。かつて、松江市嫁島町沖合の嫁ヶ島《よめがしま》で採掘されていた。今は、松江市八束町が産出地である。

鯱（しゃち）棟飾りの一種で，魚の鯱に似せた鬼瓦に相当するもの。中国建築の鴟《し》尾が変化したものと考えられている。瓦製のものを鯱瓦《しゃちがわら》という。

触媒（しょくばい）化学反応に際し、反応物質以外のもので、それ自身は化学変化を受けず、しかも反応速度を速めまたは遅滞させる物質。

所務（しょむ）年貢等の税を徴収する権利。

シルト層（しるとそう）砂より小さく粘土より荒い砕屑物の層。

筋違橋（すじかいばし）堀や川にいたる道筋とずらして架けられた橋。敵が勢いよく直進すると、堀に落ちるようになっている。

隅石（すみいし）石垣の角の部分。

石龕（せきがん）石塔を覆った石屋形のような施設。石廟《せきびょう》ともいう。

瀬戸（せと）せまい海峡。

占考状（せんこうじょう）祈祷結果による診断書。

惣構（そうがまえ）戦国から近世に、城下町を囲い込んだ堀や土塁による防御施設。兵農分離を推し進めるのに役立った。

礎石（そせき）柱の台となる石をさし、その下に拳大の根固め石を置くことが多い。

台鉋（だいがんな）材木の表面を削って平滑に

する道具。樫の木の台に、出し入れできる刃を取り付けて、調節しながら用いる。平鉋ともいう。

塔頭（たっちゅう）山内の寺院。

多門（たもん）石垣上に建てられた細長い建物。櫓や門と連結している。多聞・太門とも書く。

チャート（ちゃーと）緻密《ちみつ》で細かい石英からなる硬い岩石。ふつう乳白色で、含まれる不純物により赤・緑・灰色などのものがある。

突揚板戸（つきあげいたど）開閉の仕組は板戸を上げ下げする。板戸を突揚げた時は、窓の庇《ひさし》となる。

天守（てんしゅ）天守閣とすることが多いが、本書では単に天守とする。城郭の中心的な建物。建築様式上、望楼型《ぼうろうがた》と層塔型《そうとうかた》に分けられている。

土居（どい）城の周囲の土の垣。土塁ともいう。

胴木（どうぎ）石垣の沈下を防ぐため、根石直下に設置された土台となる横木。松の木が多い。

通柱（とおしばしら）土台から軒桁まで継がずに通った一本ものの柱。

同笵（どうはん）同一の鋳型または原型でつくること。瓦の場合、軒先の文様で分かる。

土坑（どこう）地面に掘った穴。

土橋（とばし）土居または石垣で構築した橋。城内と堀の外が地続きになる。多人数が一度に渡ったり、重量のある大砲や荷物を運ぶのに適している。

縄子（なわこ）縄張作業時の手伝人。

縄張（なわばり）城郭や居館の基本設計。地形や地勢に応じて、曲輪や堀・虎口などを配置する全体計画をさす場合が多い。

納戸金（なんどきん）藩邸の費用。

根石（ねいし）石垣の最も下に置かれた石。

廃藩置県（はいはんちけん）藩体制を完全に解体して府県に統一し、中央集権的権力の成立をめざした政治的改革。

破風（はふ）二枚の板を山形に組んで構成した屋根の妻の部分。千鳥《ちどり》破風・唐《から》破風などがある。松江城の場合、前者に属するが、屋根の形式から入母屋《いりもや》破風とする見解もある。

梁間（はりま）梁行ともいう。梁に平行な方向。

版籍奉還（はんせきほうかん）幕藩体制解体の過程で実施された土地（版）・人民（籍）の朝廷への返上政策。藩主が返還を願い出て、朝廷が聴許するというかたちがとられた。

番付（ばんづけ）間取りなどの平面図を板に描き、主要構造材の使い場所や使い勝手を分かりやすくする符号。「字頭《じがしら》」ともいう。用材にも記入する。

平山城（ひらやまじろ）山城・平城に対し、平地の低丘陵上に築かれた城。

風水思想（ふうすいしそう）古代中国の思想で、都市・住居・建物・墓などの位置の吉凶禍福を決定するため用いられてきた思想。

袋小路（ふくろこうじ）道を進んでいくと、行き止まりでどこへも行けない道。

兵農分離（へいのうぶんり）検地・刀狩りによって、武士と農民との居住地を分け、身分的にも固定させる政策。江戸時代の社会体制の始まりとなった。

宝篋印塔（ほうきょういんとう）本来は、宝篋印経にある陀羅尼を書いて納めた塔。日本では普通、石造塔婆の形式の名称とし、方形の石を、下から基壇・基礎・塔身・笠・相輪と積み上げ、笠の四隅に飾りの突起があるものをいう。のちには供養塔・墓碑塔として建てられた。

掘立柱建物（ほったてばしらたてもの）柱を地中に掘った穴に直接立てた建築物。

枡形虎口（ますがたこぐち）城壁の門に枡形の空間をつくり、曲がって出入りするようにした要所の出入り口。

御霊屋（みたまや・おたまや）御霊をしずめま

つる所。御廟。

無縫塔（むほうとう）主に僧侶の墓塔として使われる石塔（仏塔）。塔身が卵形という特徴があり、別に「卵塔」とも呼ばれる。

目安（めやす）要点を記した訴陳状をさすようになり、やがて訴陳状、特に訴状をさすようになった。

目代（もくだい）中世になると、広く代官の意味をもたせていたようである。杵築《きづき》（出雲市大社町）や木次《きすき》（雲南市木次町）では、町の紛争調停にあたっていたという。

矢穴（やあな）石を切り出す時の鏨《たがね》を打込んだ後に残る痕跡。矢穴の残った痕跡を矢跡とも呼ぶ。

櫓（やぐら）矢蔵・矢倉・庫・兵庫・楼とも書く。もともと「矢・くら」で、「くら」は蔵・倉ではなく、場所を示す「座」である。松江城本丸の場合、多門と連結して天守を取り巻く形で石垣上に建てられていた。

矢田石（やだいし）松江市竹矢《ちくや》町産の角閃石粗《かくせんせきそ》面玄武岩《めんげんぶがん》。

鑓鉋（やりがんな）材木の表面を削って平滑にする古いタイプの道具。細長い棒状の柄に、柳葉状の刃を付け、わずかに反りをもたせたもの。使用した時、小さい波状の痕跡が残る。

横矢（よこや）敵を横から弓や鉄砲で攻撃すること。横矢がかりともいう。

寄木柱（よせぎばしら）複数の木材を束ねて作った柱。

連子窓（れんじまど）縦方向の木を並べて取り付けた窓。松江城では、一〇㎝角柱三〜七本が窓枠に対して四五度ずらした形で組まれている。地階は、板状の鉄が組まれている。

割書（わりがき）本文の途中に二行に小さく注を書き加えること。または、その注。

参考文献

1 谷口為次『松江藩祖直政公事蹟』松陽新報社 一九一六
2 『島根県史 第九巻』島根県 一九三〇
3 『郷土資料 島根叢書 第一篇』島根県教育会 一九三三
4 『松平定安公伝』松平直亮 一九三四
5 原傳『松江藩経済史の研究』日本評論社 一九三四
6 上野富太郎・上野静一郎『松江市誌』松江市庁 一九四一
7 『重要文化財松江城天守修理工事報告書』重要文化財松江城天守修理事務所 一九五五
8 中村孝也『徳川家文書の研究』日本学術振興会 一九五八
9 松江市誌編さん委員会『新修 松江市誌』松江市役所 一九六二
10 『新修 島根県史 史料篇 近世二』島根県 一九六五
11 永海一正『山陰文化シリーズ11 隠岐の歴史』今井書店 一九六五
12 『新修 島根県史 通史篇1』島根県 一九六八
13 安藤博『徳川幕府縣治要略』柏書房 一九七一
14 『富田河床遺跡の発掘』広瀬町教育委員会 一九七五
15 島田成矩「松江城の城郭について」『島根県文化財調査報告第十集』島根県教育委員会 一九七五

16 『史跡富田城環境整備に伴う発掘調査概報』広瀬町教育委員会　一九七七
17 『富田川河床遺跡発掘調査報告』広瀬町教育委員会富田川河床遺跡調査団　一九七七
18 永海一正『隠岐国郷土誌』松江文庫　一九七八
19 『日本城郭大系14』新人物往来社　一九八〇
20 『史跡富田城跡　山中御殿平』広瀬町教育委員会　一九八〇
21 『島根県大百科事典』山陰中央新報社　一九八二
22 『荒隈城跡』松江市教育委員会　一九八二
23 『津田・古志原郷土誌』津田・古志原郷土誌編集委員会　一九八二
24 『史跡富田城関連遺跡発掘調査報告書』島根県教育委員会　一九八三
25 『富田川河床遺跡発掘調査報告書―Ⅲ―』島根県教育委員会　一九八三
26 島田成矩『松江城物語』山陰中央新報社　一九八五
27 松尾寿『城下町を歩くⅠ　―松江の誕生と町のしくみ―』たたら書房　一九八六
28 松岡久人『南北朝遺文　中国四国編第二巻』東京堂出版　一九八九
29 難波和久『津田の松原』津田の松原伝承保存会　一九九三
30 『日本歴史地名大系33　島根県の地名』平凡社　一九九五
31 島田成矩『堀尾吉晴』今井書店　一九九五
32 大谷従二『出雲の阿国』今井書店　一九九六
33 『史跡富田城環境整備事業報告書』広瀬町教育委員会　一九九七

34 『島根県中世近世城館跡分布調査報告書第2集　出雲・隠岐の城館跡』島根県教育委員会　一九九八
35 藤間亨「論証・松平不昧の生涯」『松平不昧伝』原書房　一九九九
36 安澤秀一『松江藩出入捷覧』原書房　一九九九
37 『大名茶人　松平不昧展』島根県立美術館　二〇〇一
38 『史跡富田城発掘調査報告書（山中御殿平・花ノ壇地区）』広瀬町教育委員会　二〇〇二
39 『しながわの大名下屋敷　―お殿様の別邸生活を探る―』品川歴史館　二〇〇三
40 『史跡富田城環境整備事業報告書Ⅱ』広瀬町教育委員会　二〇〇三
41 『三館合同企画展　絵図でたどる島根の歴史』島根県立博物館　二〇〇四
42 『史跡富田城発掘調査報告書（千畳平区）』広瀬町教育委員会　二〇〇四
43 『戦国武将三澤氏物語　要害山三沢城築城七百年』要害山三沢城保存会　二〇〇五
44 『来待ストーン研究6』来待ストーンミュージアム　二〇〇五
45 島根大学附属図書館『絵図の世界　―出雲国・隠岐国・桑原文庫の絵図―』ワン・ライン　二〇〇六
46 橋場信雄『建築用語図解辞典』理工学社　二〇〇七
47 乾隆明編著『松江開府400年　松江藩の時代』山陰中央新報社　二〇〇八
48 松尾寿『ふるさと文庫5　城下町松江の誕生と町のしくみ』松江市教育委員会　二〇〇八
49 乾隆明編著『松江開府400年　続松江藩の時代』山陰中央新報社　二〇一〇

50 『開府400年シリーズ　松江誕生物語』山陰中央新報社　二〇一〇
51 安部登他『ふるさと文庫7　松江市の指定文化財』松江市教育委員会　二〇一〇
52 西島太郎『ふるさと文庫8　京極忠高の出雲国・松江』松江市教育委員会　二〇一〇
53 赤澤秀則他『ふるさと文庫10　松江の歴史像を探る』松江市教育委員会　二〇一〇
54 『松江市歴史叢書2』松江市教育委員会　二〇一〇
55 三原浩良『古志原から松江へ』今井書店　二〇一〇
56 『松江市史　史料編5　近世I』松江市　二〇一一
57 『平成二十三年度特別展　松江創世記　堀尾氏三代の国づくり』松江歴史館　二〇一一
58 『平成二十三年度特別展　秋の巻　松江創世記　松江藩主京極忠高の挑戦』松江歴史館　二〇一一
59 『松江歴史館研究紀要第1号』松江歴史館　二〇一一
60 『松江歴史館展示案内　雲州松江の歴史をひもとく』松江歴史館　二〇一一
61 『平成23年　冬の企画展　江戸時代へ行こう！』松江歴史館　二〇一一
62 『松江城下町遺跡（殿町287番地）・（殿町279番地他）発掘調査報告書』松江市教育委員会・財団法人松江市教育文化振興事業団　二〇一一
63 『たたら製鉄と近代の幕開け　日本独自の文化遺産』島根県立古代出雲歴史博物館　二〇一一
64 内藤昌『城の日本史』講談社　二〇一一
65 『松江城研究1』松江市教育委員会　二〇一二

66 宍道正年『親子で学ぶ　松江城と城下町』山陰中央新報社二〇一二
67 石井悠『シリーズ藩物語　松江藩』現代書館　二〇一二
68 『松江藩士の江戸時代』松江歴史館　二〇一二
69 北文教著・三原浩良編『古志原　郷土史談』松江市古志原公民館二〇一二
70 長谷川博史『ふるさと文庫15　中世水運と松江』松江市教育委員会　二〇一三
71 『松江歴史館研究紀要第3号』松江歴史館　二〇一三
72 石井悠『松江城と城下町の謎にせまる』ハーベスト出版　二〇一三
73 『松江城調査研究集録Ⅰ』松江市　二〇一三
74 『松江城天守学術調査報告書』松江市　二〇一三
75 『松江城研究2』松江市教育委員会　二〇一三
76 『松江市史　史料編11　絵図・地図』松江市　二〇一四
77 『松江市史　史料編7　近世Ⅲ』松江市　二〇一五
78 西和夫『ふるさと文庫16　松江城再発見』松江市歴史まちづくり部　二〇一四
79 松尾寿『松江城と城下町』山陰中央新報連載記事　二〇一五～
80 石井悠『松江城』ハーベスト出版　二〇一五
81 『松江城調査研究集録2』松江市　二〇一五
82 『国宝松江城天守　松江城天守国宝指定記念シンポジウム資料』松江城歴史的価値発信事業実行委員会　二〇一五

83 『企画展図録　入り海の記憶　知られざる出雲の面影』島根県立古代出雲歴史博物館　二〇一五
84 宍道正年『親子で学ぶ　国宝松江城』クリアプラス　二〇一六
85 『企画展—美の遺産—　松平不昧　茶の湯と美術』松江歴史館二〇一六
86 『松江市歴史叢書9』松江市歴史まちづくり部　二〇一六
87 『松江市歴史叢書10』松江市　二〇一七
88 宍道正年『親子で学ぶ　国宝松江城のお殿様』クリアプラス　二〇一七
89 『隠岐島史料』隠岐郷土研究会　発行年の記述なし

あとがき

松江城天守が国宝に指定され、市民の松江城に対する関心が高まったような気がする。また、多くの人が松江を訪れるようになった。これまで、素人ながら松江城に関する拙著を発表してきたが、どうしても書けなかった松江城と城下町の歴史を語るようなものを書きたいと思った。それには、先ず堀尾氏の生きざま《い》であり、その政治について書くことであった。

書名を「松江城をつくった堀尾一族のあしあと」としたが、主として堀尾氏の時代の知り得た国内統治に関するあらゆる内容を採り上げた。そうすることによって、堀尾氏統治下の松江が浮き彫りにされると思ったからである。従って、堀尾一族以外の人物も取り上げたし、些細な内容と指摘を受けそうなことも記した。登場人物が多岐にわたって、やや煩瑣《はんさ》になったきらいがある。堀尾氏系図を付したので、参照していただきたい。

吉晴・忠氏・忠晴没年の年齢を略年表を使って数え年と満年齢で計算してみても、伝えられている年齢と必ずしも一致しないが、伝えられている年齢をそのまま記述した。

この時代の同時代史料は少なく、後になって書かれた筆者不明の、写本『千鳥城取立古説』他の説話などを利用せざるを得ない面もあり、問題を残したままの記述も含む。一方、できるだけ史実に基づいたものにしたく、各種報告書や研究書などを利用したので、やや読みづらい面もある。

堀尾氏以降のことについても、略述した。堀尾氏の政治がどのように変化し、つくった城や町の変化を知ってもらうことにより、歴史の移り変わりを実感していただきたかったからである。現代の私どもの生活が、こうした歴史の積み重ねの上に成り立っていることを痛感している。

参考文献の一覧で示したように、多くの先学による研究を利用させていただいた。本文中の写真や図面も転載したものが多い。公的機関が発行した報告書以外の、個人による論文・報告や書籍等から引用したことがらについては、出典を明らかにするよう努めるとともに、引用した写真や絵図については所有者を明記した。

全体に分かりやすく記述するつもりであったが、実力が及ばなかった。その代わり、可能な限りの注釈と用語解説を付け加えた。

本書執筆にあたって、最新の研究成果等を取り入れるよう努めた。また、多くの方々のご協力を得ることができた。本文中に誤りがあるとすれば、筆者の責に帰するところである。

ハーベスト出版の「山陰文化ライブラリー」の一冊に入れていただいた。社長谷口博則氏や担当の山本勝氏を始めとする社員ご一同に感謝申し上げる次第である。

協力をいただいた方々（敬称略）は、次のとおりである。

稲田信、岡崎雄二郎、勝部昭、木下誠、宍道正年、新庄正典、田根裕美子、山根正明、島根県教育委員会文化財課、松江市歴史まちづくり部まちづくり文化財課、同部史料編纂課、同部松江城調査研究室、同部松江歴史館

二〇一七年九月　　石井　悠

【著者略歴】
石井　悠（いしい　はるか）
一九四五年　島根県松江市生まれ
一九六七年　島根大学教育学部卒業
同　年～　大阪府・島根県の公立中学校、島根県教育委員会文化課（埋蔵文化財）などを経て、江津市教育委員会、東出雲町教育委員会、㈶松江市教育文化振興事業団、松江市史料編纂室に勤務した。
主な著書
共著　『東出雲町誌』（東出雲町）、『竹矢郷土誌』（松江市竹矢公民館）、『風土記の考古学3』（同成社）、『図説　松江・安来の歴史』（郷土出版社）、『松江市史　史料編2』（松江市）
単著　『鉄と人』（宍道町教育委員会）、『シリーズ藩物語　松江藩』（現代書館）、『松江城と城下町の謎にせまる』（ハーベスト出版）、『松江城』（ハーベスト出版）

山陰文化ライブラリー
11

松江城《まつえじょう》をつくった
堀尾一族《ほりおいちぞく》のあしあと

二〇一七年十月十日　初版発行

著者　石井《いしい》　悠《はるか》

発行　ハーベスト出版
〒六九〇―〇一三三
島根県松江市東長江町九〇二―五九
TEL　〇八五二―三六―九〇五九
FAX　〇八五二―三六―五八八九

印刷・製本　株式会社谷口印刷

定価はカバーに表示してあります。
落丁本、乱丁本はお取替えいたします。

Printed in Japan
ISBN978-4-86456-250-8 C0021

山陰文化ライブラリーシリーズ

1. 伝利休茶室とその周辺
——復原された松江最古の茶室—— 和田　嘉宥著
2. 野口英世の親友・堀市郎とその父櫟山
——旧松江藩士の明治・大正時代—— 西島　太郎著
3. やさしく学べる古事記講座
——原文を読むと神話はもっとおもしろい—— 森田喜久男著
4. 松江城と城下町の謎にせまる
——城と城下の移り変わり—— 石井　悠著
5. 中海宍道湖の科学
——水理・水質・生態系—— 石飛　裕　神谷　宏　山室真澄著
6. 旧石器が語る「砂原遺跡」
——遥かなる人類の足跡をもとめて—— 松藤和人　成瀬敏郎著
7. 古代出雲ゼミナール
——古代文化連続講座記録集—— 島根県古代文化センター編
8. 古代出雲ゼミナールⅡ
——古代文化連続講座記録集—— 島根県古代文化センター編
9. 古代出雲ゼミナールⅢ
——古代文化連続講座記録集—— 島根県古代文化センター編
10. 発掘された出雲国風土記の世界
——考古学からひもとく古代出雲—— 内田　律雄著
11. 松江城をつくった堀尾一族のあしあと
石井　悠著

「山陰文化ライブラリー」刊行のことば

人類は言語をもち、文字をもち、思考と記憶の伝達手段を手に入れて発達を遂げてきました。そして紙を発明し、約五百五十年前には活版印刷を発明し、知識の伝達は飛躍的に増大しました。

近年では、インターネットなど電子的メディアが急速に進歩し、これらは人類にとってさらに大きな恩恵をもたらしています。しかし、これら新しい情報伝達手段は、従来の方法にとってかわるものではなくて、むしろ選択肢を増やしたというべきです。紙の本は、依然として欠くことのできない媒体であることには変わりがありません。

人が住む地域それぞれには、アイデンティティがあり生活や文化、歴史が存在します。山陰にもこの地域ならではの生活や文化、歴史が存在します。この連綿とした人々の営みを書物という媒体に託して伝えていきたい。このシリーズの刊行にあたり、この地域を愛し、この地域のことを知りたいと思う読者に末永く愛されることを願ってやみません。

平成二三年十月一日

谷口博則